Caminos neu A1

Guía didáctica

Ernst Klett Sprachen
Stuttgart

Caminos neu A1

Guía didáctica

von
Juana Sánchez Benito
Marianne Häuptle-Barceló

1. Auflage   1 ⁷ ⁶ ⁵ ⁴ | 2012 11 10 09

Alle Drucke dieser Auflage können im Unterricht
nebeneinander benutzt werden, sie sind untereinander
unverändert. Die letzte Zahl bezeichnet das Jahr
dieses Druckes.

Redaktion: Cristina Palaoro, Dr. Susanne Schauf
Gestaltung: Marion Köster
Druck: Druckhaus Götz GmbH, Ludwigsburg

ISBN 978-3-12-514911-3

Índice

Introducción

Caminos neu es un curso de español para principiantes o falsos principiantes adultos o adolescentes que estudian español en diferentes instituciones como la Universidad Popular, escuelas de idiomas, centros de enseñanza secundaria y universidades. Se puede usar en cursos extensivos (una vez por semana) así como en cursos intensivos.

Caminos neu consta de tres tomos que corresponden a los niveles **A1**, **A2** y **B1** del Marco Común de Referencia Europeo.

Caminos neu se caracteriza además por una amplia oferta de materiales adicionales que pueden ser utilizados en la clase o bien por los alumnos en casa. Con esto se puede conseguir una mayor flexibilidad para los distintos grupos según sus necesidades particulares o ritmos de aprendizaje. *Caminos neu* destaca por su presentación moderna y motivadora de los temas y su progresión clara, sistemática y lineal, lo que facilita su uso en la clase y la preparación de la misma.

Caminos neu A1 ofrece los siguientes materiales:

– **Lehr- und Arbeitsbuch**, el libro del alumno que contiene, además de las unidades temáticas, un anexo de ejercicios y tres CDs con todos los materiales auditivos
– **Lösungsheft**, el cuaderno de soluciones
– **Lern- und Übungsbuch**, un manual facultativo de refuerzo con CD/CD-ROM incluido
– **Misterio de familia**, una lectura con CD
– **Caminos gramaticales A1**, lecturas y ejercicios – las preposiciones
– **Caminos Wortschatz**, el vocabulario completo de Caminos neu (A1 – B1)
– **Caminos Grammatik**, la gramática completa de Caminos neu (A1 – B1)
– **Caminos online**: un sitio web con ejercicios adicionales, tests, enlaces y portfolio: www.klett.de/caminos

El libro del alumno

Las unidades

El elemento central de *Caminos neu* A1 lo constituyen 12 unidades: 9 unidades temáticas y 3 "revueltos". Las 9 unidades temáticas están subdivididas a su vez en tres bloques, cada uno de los cuales trata un tema que se subordina al tema principal de la unidad.

En cada unidad se tratan temas actuales, de interés para el alumno, y con la profundidad que se espera de un libro dedicado a la enseñanza de adultos. Los recursos, la gramática y el vocabulario derivan del contenido temático.

Las instrucciones se dan en español desde el principio, con una traducción que irá desapareciendo a medida que avancen las unidades. Están en negrita para que los alumnos se fijen más en ellas y, poco a poco, las vayan interiorizando.

Las unidades 4, 8 y 12 son unidades de repetición, "revueltos", cuyo objetivo es repasar lo aprendido en las tres unidades anteriores y utilizarlo en nuevos contextos.

Una secuencia de 4 unidades (3 temáticas y un "revuelto") está pensada para un semestre (unas 30 horas de clase), el manual, según el tipo de curso y el ritmo de aprendizaje de la clase, para 3 semestres (entre 80 y 100 horas de clase).

La estructura de una unidad

La página introductoria: Cada unidad, excepto los "revueltos", comienza con una página introductoria. A través de elementos visuales como fotos o dibujos, se despierta el interés del alumno hacia lo que va a aprender a lo largo de la unidad y se activan sus conocimientos previos sobre el tema. Además, esta página presenta los contenidos temáticos y funcionales de la unidad así como una pequeña tarea, para que los alumnos tomen el primer contacto con lo que van a aprender y se den cuenta de que ya saben algo sobre el tema.

Los bloques A, B, C: Los bloques de cada unidad se subordinan a su tema central. Cada uno representa un módulo cerrado en sí mismo. Cada bloque comienza con un texto de presentación que puede ser escrito o auditivo: una entrevista, un diálogo, una estadística, un test, un cuestionario, etc. Este texto se trabaja primero mediante actividades para que los alumnos se concentren en el contenido. Después, vienen actividades para sistematizar un aspecto gramatical o recursos importantes recogidos en los cuadros azules y las notas que los acompañan. Estas fases tienen normalmente un carácter receptivo, con el fin de que el alumno tenga tiempo para asimilar contenidos antes de empezar a producirlos. A continuación, se pasa a la fase productiva mediante actividades más o menos cerradas de diferentes tipos para que los alumnos apliquen activamente el nuevo material.
El bloque C termina siempre con una tarea de repaso (*Al final*) que integra varios de los aspectos aprendidos en la unidad en un contexto más amplio. Al final de cada unidad, hay una página de *Resumen* que recoge los recursos de comunicación y de gramática. Con ello, el alumno tiene una posibilidad de recurrir en todo momento a los elementos lingüísticos de la unidad. Las referencias en la parte de gramática envían al alumno a la gramática sistemática del anexo (págs. 173–194), donde podrá ver los contenidos con mayor detalle.

La mascota **Olivia** aparece a lo largo del manual para explicar ciertos aspectos de la gramática o del vocabulario, para dar consejos o llamar la atención sobre particularidades y excepciones de la lengua.

En los **cuadros azules** se presenta los nuevos recursos comunicativos o gramaticales. A menudo van acompañados por notas que contienen reglas gramaticales o excepciones. Muchas veces los alumnos contribuyen activamente a completar este tipo de cuadros o a deducir y formular una regla. Para excluir toda posibilidad de error, se recomienda comprobar el resultado y corregirlo si es necesario.

Modelo: Se trata de un ejemplo para las actividades orales. Sirve de apoyo para que el alumno entienda mejor el desarrollo de una actividad y lo que de él se espera. Naturalmente, es una sugerencia, no es obligatorio seguirlo al pie de la letra.

Este lápiz con la indicación de ciertos números se refiere a los ejercicios correspondientes al anexo de ejercicios.

Los auriculares preceden a un ejercicio para el que se necesita el CD. El libro del alumno contiene tres CDs: dos para las unidades temáticas y uno para el anexo de ejercicios.

Actividad de movimiento. Invita a los alumnos a levantarse para hablar entre ellos.

Este símbolo hace referencia a los ejercicios facultativos que los alumnos pueden encontrar en el sitio web de *Caminos neu* (www.klett.de/caminos) y que se basan en enlaces relacionados con el tema de la unidad. La web ofrece también otros materiales adicionales para docentes y alumnos: tests de nivel y de autoevaluación, portfolio, etc.

Al final Tarea que permite "reciclar" lo aprendido en la unidad reactivando el mayor número posible de recursos lingüísticos. Esta tarea apoya también el aprendizaje autónomo de los alumnos y les permite hacerse una idea clara de lo que han aprendido.

Los "revueltos"

Las unidades de repaso, "revueltos", constan de 4 páginas que siguen una misma estructura:
– **un juego** para repasar los contenidos funcionales aprendidos en las unidades anteriores y aplicarlos en un nuevo contexto en combinación con información del país o ciudad en los que el juego se desarrolla. (Las instrucciones de juego se encuentran en la página 249.)
– actividades que llevan a los alumnos a la reflexión sobre su proceso de aprendizaje y que contienen consejos y presentan **estrategias y técnicas** para aprender de forma eficaz
– un **texto de lectura** de interés cultural sobre el mundo del español
– un **cuestionario de autoevaluación** para concienciar a los alumnos de los contenidos que han aprendido en las unidades anteriores según los criterios de Marco Común Europeo de Referencia (*Yo sé…*)

El anexo de ejercicios

El anexo de ejercicios (págs. 123–172) es un complemento de cada unidad que puede utilizarse en clase o bien como soporte para el trabajo individual en casa. Contiene por cada una de las unidades temáticas unos 20 ejercicios de fijación tanto de vocabulario como de recursos y gramática y para la práctica de la comprensión y expresión escrita. Las unidades destinadas a repaso (4, 8, 12) contienen un test, de los cuales el último es un test final según el modelo del examen para el nivel A1 del Certificado

Europeo de Idiomas. Las grabaciones correspondientes se encuentran en el CD 3.

Todos los ejercicios están directamente vinculados a las actividades de la unidad correspondiente. Dentro de la unidad, una flecha le señalará los ejercicios sugeridos. Así usted puede preparar las clases más cómodamente. A veces se recomienda hacer determinados ejercicios para fijar lo aprendido antes de pasar a la próxima actividad. Evidentemente, usted es libre de seleccionar cuáles son los más necesarios y cuáles se pueden dejar, dependiendo de la duración del curso, del tiempo disponible, del nivel de la clase, etc.

Otros componentes

Además del anexo de ejercicios, al final del libro se encuentran las siguientes partes:
– Los ejercicios en parejas basados en un "vacío de información" (págs. 119–122)
– Una gramática sistemática con los contenidos aparecidos a lo largo de las unidades tratados en profundidad (págs. 173–194)
– Una lista bilingüe de los términos gramaticales utilizados con ejemplos (pág. 195)
– Una tabla de conjugación de verbos regulares e irregulares (págs. 196–198)
– La transcripción de los textos de comprensión auditiva tanto los de las unidades que no están impresos en la lección (págs. 199–207) como los del anexo de ejercicios (págs. 207–211)
– El vocabulario por unidades con su traducción (págs. 212–236)
– Una lista alfabética del vocabulario con traducción. El vocabulario del Certificado Europeo de idiomas para español está marcado en negrita (págs. 237–249)
– Las instrucciones para los juegos de los „Revueltos" (pág. 249)
– El *Caminos* portfolio según el Marco Común Europeo de Referencia (págs. 250–256)

Los materiales auditivos

Los CDs, grabados por locutores de diferentes países del mundo del español, son imprescindibles para el trabajo con *Caminos neu*, ya que contienen los diálogos del libro del alumno, los textos para los ejercicios de comprensión auditiva y una canción.

Dada la gran complejidad del código oral, es importante que los alumnos se acostumbren a usar estrategias de comprensión adecuadas. La guía didáctica da información sobre el modo apropiado de escuchar en cada caso. Como en la vida real, la mayoría de los ejercicios presentados requieren una comprensión selectiva, o sea, se trata solamente de "seleccionar" alguna información que se pide en la tarea. Para facilitar la comprensión auditiva en las primeras unidades, los locutores hablan más despacio, especialmente si se trata de un diálogo modelo, pero poco a poco los textos auditivos se van presentando de una manera auténtica.

En los ejercicios de comprensión auditiva no se trata de entender cada palabra. Tampoco es necesario, ya que las tareas han sido concebidas para guiar al alumno de tal forma que sea capaz de solucionarlas con éxito sin entenderlo todo. Esto lo motiva y lo acostumbra a la situación real de enfrentarse con la lengua hablada. Por ello, será conveniente que usted restrinja las preguntas adicionales. No se ocupe demasiado de aclarar cada significado, y, en cambio, anime a los alumnos a confiar en el método de aprendizaje sugerido.

La Guía didáctica

La Guía sigue el orden que dicta el Libro del alumno y ofrece una descripción detallada del desarrollo de cada actividad en clase. Al principio de cada bloque, hay una tabla que anuncia los objetivos gramaticales y funcionales, así como los recursos más importantes del bloque.

Los aspectos que caracterizan a la guía didáctica son:

Objetivo: Presenta el objetivo de la actividad.

Para empezar: Propuestas sobre cómo introducir un tema o una tarea.

Procedimiento: Presenta paso a paso la manera de cómo realizar la actividad en clase.

Solución: Solución de los ejercicios del libro del alumno siempre y cuando no se trate de ejercicios de solución abierta.

Y además: Sugerencias para realizar una tarea de una manera distinta a la propuesta en el libro del alumno o para actividades adicionales.

Información: Información complementaria relacionada con aspectos de cultura o civilización, p.ej., información sobre personajes o lugares famosos del mundo del español o comentarios sobre diferencias interculturales.

En el anexo de esta guía se ofrecen algunas páginas que se pueden fotocopiar para su uso en clase. Complementan algunos temas tratados en *Caminos neu* A1. También puede encontrar páginas fotocopiables en la web de *Caminos neu* A1. Naturalmente, es usted libre de utilizarlas o no según sus necesidades.

Otros materiales adicionales

Lern- und Übungsbuch: Este Manual facultativo de refuerzo ofrece por cada unidad:
- unos 25 ejercicios (con soluciones) para fijar los contenidos de la unidad así como un texto de lectura adicional y un ejercicio para transferir lo aprendido en un contexto profesional.
- una selección del vocabulario más importante ordenado por categorías, acompañado por técnicas para aprender vocabulario.
- cuatro páginas para trabajar todos los contenidos gramaticales con explicaciones detalladas.

El Manual contiene además modelos de test para preparar el examen A1 (*Start*) del Certificado Europeo de idiomas y un CD-ROM multisesión que ofrece la posibilidad de escuchar parte del vocabulario con su traducción en alemán y ejercicios interactivos para el ordenador.

Caminos online: en la dirección www. klett.de/caminos se encuentra la web de *Caminos neu* que, en secciones para docentes y alumnos, ofrece numerosos materiales como complemento al libro del alumno:
- *Los docentes* podrán encontrar páginas fotocopiables con ejercicios adicionales o juegos para cada unidad, informaciones prácticas y enlaces a páginas de Internet relacionadas con los contenidos de la unidad. En esta sección se ofrece también un test de nivel para las instituciones educativas.
- *Los alumnos* encuentran en esta sección, bajo el símbolo del globo terráqueo que aparece en el libro del alumno, tareas sencillas con páginas web que tienen relación con lo aprendido en la unidad. Asimismo, podrán encontrar un test de nivel en línea y descargar tests de autoevaluación para cada unidad y una novela por entregas.

La concepción didáctica de Caminos neu

Objetivos

La función primaria de una lengua es la comunicación. Con *Caminos neu* A1 los alumnos aprenden la lengua española de hoy como instrumento para recibir y transmitir informaciones, pensamientos, sentimientos, experiencias y opiniones. A través del curso, se pretende que el alumno obtenga una competencia comunicativa que le permita poder desenvolverse en diferentes situaciones de la vida cotidiana así como expresar sus propios intereses y necesidades.

El Marco Común de Referencia Europeo define para el nivel de *Caminos neu* A1, las siguientes competencias:
- Competencia léxica-gramatical: el conocimiento del vocabulario de una lengua y la capacidad para utilizarlo se define en el nivel A1 como un repertorio básico de expresiones y estructuras gramaticales sencillas.
- Competencia de comprensión auditiva y lectora: capacidad de comprender textos con un vocabulario de alta frecuencia y con informaciones básicas sobre situaciones de cada día.
- Competencia discursiva: capacidad de reconocer los principios según los cuales los mensajes se organizan, se estructuran y se ordenan a nivel elemental.
- Competencia intercultural: capacidad de reaccionar adecuadamente en una situación comunicativa ya que todo acto de comunicación lleva consigo una serie de factores culturales.
- Competencia estratégica: familiarización con técnicas adecuadas (p.ej., de memorización) que le facilitan al alumno el proceso de aprendizaje.

Enfoque temático

Caminos neu A1 ha sido concebido a partir de un enfoque temático. La organización de contenidos está supeditada al tema de la unidad. Los temas han sido elegidos teniendo en cuenta a un público adulto (a partir de 16 años): los textos presentan informaciones auténticas, tienen un contenido motivador y relevante de acuerdo a sus intereses, y a la vez son comprensibles en el nivel de los alumnos. Las tareas que los acompañan facilitan la comprensión.

El enfoque temático facilita una mejor retención de contenidos gramaticales, léxicos y discursivos, ya que el cerebro archiva más fácilmente campos temáticos que elementos lingüísticos aislados. Al final de una unidad que trata diferentes aspectos de un tema, pero con varias repeticiones, el alumno tiene la sensación de dominar este tema en su nivel.

Los textos en Caminos neu A1: una amplia oferta de léxico

Los textos aparecen en una forma auténtica, aún cuando estén adaptados al nivel de principiantes; esto quiere decir que un artículo de periódico, por ejemplo, tiene el aspecto y contenido que tendría en realidad. Para favorecer el proceso de aprendizaje, es necesario que los textos contengan elementos nuevos que animen al alumno a querer conocer lo que desconoce. Los textos que se ofrecen a los alumnos tienen por un lado un nivel un poco más elevado que el de sus conocimientos, por el otro están acompañados de tareas factibles. En general, se dan actividades previas para reactivar conocimientos antes de pasar a la comprensión lectora o auditiva. Estas actividades tienen también el objetivo de guiar al alumno hacia el modo adecuado de comprensión (global, selectiva, detallada). Se le invita a usar su conocimiento del mundo, su lengua materna, el contexto y su imaginación para llegar a entender la idea general de un texto o para sacar determinadas informaciones.

En *Caminos neu* A1, las cuatro destrezas se encuentran plenamente integradas, partiendo de las destrezas receptivas hacia las productivas. Una mención especial en este sentido merecen las destrezas receptivas. Estas juegan un papel predominante en el proceso de aprendizaje, ya que son la base para toda adquisición de lengua, incluso la lengua materna: se parte de la recepción (escuchar y leer) para llegar a la producción (hablar y escribir). Por eso, es esencial que los alumnos desarrollen una competencia receptiva antes de pasar a la producción y se tomen el tiempo necesario para asimilar los nuevos modelos lingüísticos antes de pasar a producirlos.

Las actividades en Caminos neu A1: una comunicación real

Muchas actividades están basadas en tareas que llevan a la comunicación usando la lengua meta. Según el concepto moderno de comunicación, esta se caracteriza por dos aspectos:

- *En la comunicación el contenido es siempre lo más importante*: La enseñanza de un idioma tiene que capacitar al alumno a decir lo que realmente quiere decir y no a repetir mecánicamente frases hechas. Para ello *Caminos neu* A1 le ofrece desde la primera unidad una amplia paleta de recursos que serán usados según las preferencias o necesidades del usuario.
- *Comunicación significa interacción y tiene siempre un objetivo*: Aprovechando la situación de clase como lugar de encuentro, en *Caminos neu* A1 se sugieren actividades varias para que los alumnos trabajen en grupos o en parejas. Así se encuentran a diferentes interlocutores en la práctica oral. Esto permite una dinámica muy interactiva y se le proporcionan varias oportunidades para hablar, ya que la comunicación no se limita al diálogo con el profesor.

Un ejemplo de esta forma de trabajo son las tareas en las que los alumnos tienen que encontrar a alguien de la clase con determinadas características (p. ej., que no haya nacido en la misma ciudad). En estos casos, el objetivo no-lingüístico (obtener ciertas informaciones) crea una situación comunicativa auténtica, ya que se usa la lengua (es decir, los re-cursos que se quieren practicar, en este caso la pregunta *¿De dónde es usted?*) con un objetivo concreto.

Estrategias y técnicas de aprendizaje en Caminos neu A1: aprender descubriendo

Fundamentalmente, los alumnos aprenden a actuar en la lengua extranjera y no adquieren un conocimiento lingüístico sobre ella. Por eso, en *Caminos neu* A1 la gramática se ve como un medio para conseguir competencia comunicativa, nunca como un fin en sí misma. El alumno contribuye activamente a la formulación de reglas, completa paradigmas verbales, etc. En suma, se le incita a implicarse en el proceso de aprendizaje. Aprende la lengua usándola, y esta participación activa contribuye a fijar contenidos más efectivamente que repetir modelos dados.

Además, se le proponen al alumno técnicas que le ayudan en su proceso de aprendizaje y facilitan su trabajo. En las unidades de "revuelto", el alumno tendrá la oportunidad de tomar conciencia de su manera de aprender y de observar y evaluar su propio proceso de aprendizaje.

La interculturalidad: lo propio y lo ajeno

En toda lengua se expresa una cultura, esto es una forma de ver el mundo, una serie de costumbres y rituales, además de tradiciones y aspectos de la cultura "con mayúscula" como la literatura, el arte, la historia, etc. En *Caminos neu* A1 se trata de reflejar esta cultura cotidiana a través de los textos y del material visual. El alumno puede reconocer las diferencias desde su propio marco cultural, y al mismo tiempo se le anima a que exprese sus experiencias, su cultura, para que pueda entender mejor la ajena. Por otra parte, dado que el mundo del español lo conforman tantas regiones diferentes, se irá sensibilizando al alumno a que reconozca esta diversidad y sea capaz de reaccionar adecuadamente, evitando prejuicios y posibles malentendidos. *Caminos neu* A1 le confronta con otros sistemas de comportamiento y de valores para invitarlo a la reflexión y a un diálogo auténtico.

El papel del docente y del alumno

En *Caminos neu* A1 el protagonista no es ni el libro ni el docente: es el alumno mismo. Lo que se pretende es que participe activamente en la clase. Por eso, se han buscado temas que le motiven y le interesen y textos relevantes y actuales. *Caminos neu* A1 se organiza en torno a tareas que siempre exigen su participación, ya sea descubriendo reglas o recursos, trabajando en parejas o en grupos, leyendo, escuchando, jugando, etc.

Uno de los objetivos principales es que el alumno aprenda a ser autónomo. Esto se consigue activando sus conocimientos previos (lengua materna, conocimiento del mundo, eventualmente otras lenguas), dándole posibilidades para que reflexione sobre su modo de aprender, dándole consejos para aprender más eficazmente, dotándole de estrategias de aprendizaje como deducir por el contexto, predicción, memorización, etc. En suma, obligándole a no ser un consumidor pasivo que archiva solamente la información.

La tarea fundamental del docente es la de organizar y controlar el proceso de aprendizaje de manera que los alumnos encuentren su propio camino; tiene que acompañarles como consejero y experto y no como el depositario de toda la información. Finalmente, debe crear un ambiente de confianza y de intercambio en la clase que fomente la participación activa de los alumnos.

Recomendaciones útiles para trabajar con *Caminos neu*:

– Cuando trabaje con textos, limítese a seguir las tareas que se proponen ya que están elaboradas con un determinado fin.

– Pregunte a la clase las palabras que han entendido. Esto da mayor sensación de éxito que preguntar por lo desconocido.

– Anime a los alumnos a usar lo que conocen (conocimiento del tema, deducir por el contexto) y a hacer suposiciones.

– Convenza a los alumnos de que no hay que entenderlo todo para tener una sensación de éxito. El éxito está en ser capaz de realizar las tareas que se piden.

– Convenza a los alumnos de que no hay que esperar a expresarse en el nuevo idioma hasta que uno esté muy seguro. Es mucho mejor experimentar e intentar expresarse aún cometiendo errores.

Nota del editor

A lo largo de esta Guía se ha adoptado la forma masculina en las referencias a colectivos por razones de espacio y legilibilidad.

Hola, ¿qué tal?

Objetivo:
- Presentarse y saludarse (Se verá con más detalle en la Unidad 2.)

Recursos:
¿Cómo te llamas? ¿Cómo se llama usted? ■ *Me llamo…* ■ *Soy…* ■ *¿Y tú / usted?* ■ *Buenos días. Buenas tardes. Buenas noches. Hola. ¿Qué tal?*

a) Lea y escuche cómo se presentan las autoras y el autor de *Caminos*. 🎧 1; 1
Para empezar: Salude a sus alumnos y preséntese diciendo, por ejemplo, *Hola, soy…*, o *Me llamo…* Escriba las frases en la pizarra y pregunte a varios alumnos: *¿Cómo se llama usted?* o *¿Cómo te llamas?* Los alumnos responden: *Me llamo…* o *Soy…*
Procedimiento: Después abren el libro (pág. 6/7), miran las fotos y el texto de los bocadillos y escuchan la audición (CD 1, track 1).
Si alguien pregunta por la diferencia entre *¿Cómo se llama usted?* y *¿Cómo te llamas?*, se le explica simplemente que la primera pregunta es formal y la segunda informal. Se aprenden como fórmulas, no se trata de conjugar los verbos.

b) ¿Y usted? / ¿Y tú?
A continuación, se ponen en práctica los recursos introducidos en la actividad anterior. Tal vez este puede ser también el momento propicio para ponerse de acuerdo con los alumnos en lo que se refiere a tutearse o no.
Por último, damos algunas sugerencias para realizar esta actividad y al mismo tiempo "romper el hielo" en el grupo:

Una cadena: Tome un bolígrafo y preséntese. Luego pase el bolígrafo a un alumno, preguntándole: *¿Cómo se llama usted?* o *¿Cómo te llamas?* Este contesta: *Me llamo…* o *Soy…* y pasa el bolígrafo a

su vecino preguntándole por su nombre, y así sucesivamente.
Las personas que aprenden mejor moviéndose retienen mejor palabras o estructuras cuando el acto de habla se refuerza con una actividad de movimiento (pasar el bolígrafo, lanzar una pelota, levantarse, etc.). Mucha gente pierde el miedo a expresarse en un idioma que no es el suyo (típico de estas situaciones iniciales) si se concentra más en la actividad motora que en la actividad oral.
Juego de pelota: Lleve a clase una pelota de un material blando (puede ser también un paquete de pañuelos). Lance la pelota a un alumno diciendo: *¿Cómo se llama usted?* o *¿Cómo te llamas?* Este se presenta y lanza la pelota a otro compañero y así sucesivamente.
Esta actividad aporta más suspense porque nunca se sabe a quién le va a tocar y además contribuye a que los alumnos se vayan conociendo mejor.

Informe a sus alumnos de que *Buenos días* se dice hasta la hora de almorzar (14 hs. aprox.), *Buenas tardes,* por la tarde hasta el anochecer y *Buenas noches,* al caer el sol. Además, *Buenos días, Buenas tardes y Buenas noches* se utilizan tanto en saludos como en despedidas y pueden ir acompañadas de *hola (Hola, buenas tardes.)* o de *adiós (Adiós, buenas noches.)*.

El mundo del español

Página introductoria

¿Qué asocia usted con el mundo del español?
Objetivo: Despertar el interés de los alumnos por el mundo hispano y activar conocimientos previos.
Procedimiento: La función de las fotografías que aparecen en esta página es motivar a los alumnos para que, desde el primer momento, se expresen en español partiendo de su interés real: leyendo los títulos a pie de foto, el alumno va a poder responder correctamente y de forma individualizada a la pregunta *¿Qué asocia…?* De forma inconsciente va a emplear correctamente el artículo determinado que se introduce a lo largo de la unidad.
Sin embargo no hay por qué limitarse a estas imágenes. Los alumnos pueden mencionar otros aspectos como *flamenco, sangría…,* que usted recogerá en la pizarra con el artículo correspondiente.

Escuche y marque las cosas que se mencionan. 🎧 1; 2
Objetivo: Comprensión auditiva selectiva.
Procedimiento: Explique a los alumnos que van a escuchar un texto publicitario sobre las posibilidades que ofrece el mundo del español. Aclárles que se trata de un texto largo que representa simplemente un primer acercamiento al mundo hispano y en el que deberán reconocer únicamente los motivos que se mencionan. Esto elimina la ansiedad de tener que comprender o retener todo lo que se escucha.
A continuación, los alumnos escuchan la audición (CD 1, track 2) y marcan en los recuadros con una cruz los motivos que han escuchado.
Si usted lo considera necesario, repita la audición (cada persona debe anotar dos o tres palabras que escucha y se pueden recoger algunas en la pizarra).
Solución: Se mencionan la paella, el cava, el tango, las playas y la Alhambra.

ℹ️ **Información:**
El cava: Los vinos espumosos de cava figuran entre los primeros productos de la exportación española. El principal centro de producción se encuentra en la comarca catalana del Penedés.
El proceso de envejecimiento dura un mínimo de nueve meses. Si en la etiqueta aparece la palabra "Reserva", esto quiere decir que ha permanecido en bodega entre 18 y 30 meses. El cava se convierte en un "Gran Reserva" cuando supera los 30 meses de crianza.
Los cavas se clasifican según el porcentaje de azúcar que lleven. El brut nature no lleva adición de azúcar.
Tango: Baile típico de Argentina y Uruguay. Nació en los barrios pobres de las afueras de Buenos Aires y Montevideo, entre los emigrantes desarraigados. El bandoneón, traído a Argentina por los marineros y emigrantes alemanes a finales del siglo XIX, es su instrumento esencial.
Museo Guggenheim: Fue diseñado por el arquitecto canadiense Frank O. Gehry y se inauguró en 1997. Al igual que el Museo Guggenheim de Nueva York, se trata de un diseño arquitectónico que, en sí mismo, es una verdadera obra de arte en la que se combinan materiales como el acero, la piedra, el titanio o el agua. El Museo Guggenheim de Bilbao dispone de una valiosa colección propia que es considerada como una de las mejores colecciones privadas de arte moderno y contemporáneo del mundo.
Uxmal: Es uno de los recintos mayas más famosos. Está a 78 kms al sudoeste de la ciudad de Mérida. Los edificios más destacados son el Cuadrángulo de las Monjas, la Casa de las Palomas, la Pirámide del Adivino y la Gran Pirámide.
La Alhambra de Granada: La Alhambra es un palacio denominado así por sus muros de color rojizo ("qa'lat al-Hamra'", Castillo Rojo), está situada en lo alto de la colina de al-Sabika, frente al barrio del Albaicín. Fue la residencia de los reyes nazaríes (siglos XIII – XV). Era a la vez palacio, ciudadela y fortaleza. Es el monumento más visitado de España.
Paella: La paella es un plato de arroz con carne, pescado, mariscos, legumbres, azafrán y otros ingredientes según las zonas. Recibe el nombre del utensilio en que se realiza, una especie de sartén con dos asas.

A. Palabras internacionales

Objetivos:
- Activar conocimientos previos
- Primeros contactos con la nueva lengua
- Hacer tomar conciencia a los alumnos de que no parten de cero al aprender español
- La pronunciación

Recursos:
¿Qué significa…? ■ *? ¿Cómo se pronuncia…?*

Gramática:
- Reglas de pronunciación

1 Titulares

a) ¿Qué palabras entiende?
Objetivo: Hacer ver a los alumnos que no parten de cero en el aprendizaje de la nueva lengua ya que muchas palabras son similares o incluso iguales a las de su lengua materna. Darse cuenta del papel que juega el contexto a la hora de deducir el significado de palabras desconocidas.

Procedimiento: Pida a sus alumnos que, individualmente, observen el collage de los titulares y subrayen las palabras que entiendan. Es seguro que podrán deducir algunas (hospital, crisis, museo, etc.). Después pueden comparar sus palabras con un compañero.

b) ¿Qué significa?
Objetivo: Preguntar por el significado de palabras desconocidas.

Procedimiento: A continuación pregunte por el significado de dos o tres palabras transparentes, por ejemplo *¿Qué significa hospital?* Van a contestar: *Krankenhaus.*

Después de algunos ejemplos, anímeles a que pregunten por el significado de dos palabras desconocidas de esta página. Así utilizan *¿Qué significa?* por una necesidad real. Anime a sus alumnos a que intenten adivinar ellos mismos las palabras más transparentes antes de dar usted mismo la respuesta.

Y además:
Página para fotocopiar n° 1
Los alumnos pueden preguntarse mutuamente por el significado de las palabras de esta página para fijar el recurso *¿Qué significa?*

c) Ordene.
Objetivo: Fijar vocabulario.

Procedimiento: Pida a sus alumnos que clasifiquen algunas palabras de los titulares de la página anterior de acuerdo a las categorías dadas. Es una técnica que ayuda a memorizarlas y reaparece en varias actividades a lo largo de *Caminos*. Acláreles que no hay una única solución posible. Anímeles a comparar sus resultados.

2 Pronunciación

a) ¿Cómo se pronuncian estas letras? 🎧 1; 3
Objetivo: Familiarizarse con la pronunciación del español.

Para empezar: Comente a los alumnos que la pronunciación del español no es difícil ya que hay – a diferencia del inglés, por ejemplo – una relación estrecha entre ortografía y pronunciación. Aquí se presentan las letras cuya pronunciación puede presentar dificultades. Después de la audición van a ser capaces de deducir las reglas de pronunciación. Coménteles que la pronunciación que escucharán es la del español estándar pero que hay muchas variedades que también podrán entender sin dificultad.

Procedimiento: Ponga la audición (CD 1, track 3) o lea las palabras lentamente y con una dicción muy clara. Anímeles a que, al escuchar la audición, repitan cada palabra en voz baja. Luego algunos voluntarios pueden leerlas en voz alta o toda la clase las repite en coro.

Después los alumnos contestan las preguntas de la página 11 en su lengua materna.

b) ¿Cómo se pronuncia?
Objetivo: Presentar las reglas de pronunciación sin tratar con detalle las reglas de ortografía. (El alfabeto se introduce en la Unidad 2.)

Una característica de *Caminos* es que invita a los alumnos a deducir por sí mismos cómo funciona la lengua. Se sabe que los alumnos memorizan mejor lo que han descubierto por sí mismos. Aquí tenemos el primer ejemplo que muestra cómo funciona este principio.

Procedimiento: Si lo considera necesario los alumnos pueden escuchar otra vez la audición de a). Pídales que completen individualmente las reglas de pronunciación. A continuación haga una puesta en común: algunos alumnos leen en voz alta sus resultados y los otros comparan.

3 ¡Ánimo!

Objetivo: Practicar de forma lúdica la pronunciación en español.

Procedimiento: Lea usted los trabalenguas en voz alta y tradúzcalos. Explíqueles que se trata de un ejercicio lúdico de pronunciación y no de recordar las palabras. Divida la clase en grupos de tres o cuatro alumnos, anímeles a elegir dos o tres frases y a practicarlas. Invíteles a preguntar *¿Cómo se pronuncia…?* si tienen dificultades. A continuación pídales a algunos voluntarios que lean una de las frases en voz alta. Procure crear un ambiente relajado, suscitar risa y diversión. Recuérdeles que se trata de practicar un sonido concreto en cada trabalenguas y que además practicarán sin darse cuenta el ritmo, la acentuación y la entonación. Alábelos cuanto pueda para que pierdan la sensación de ansiedad y adquieran una actitud positiva hacia la nueva lengua.

B. Personas famosas

Objetivos:
- Conocer algunos personajes famosos del mundo hispano
- Conocer la situación del español en el mundo
- Familiarizarse con los principios de la gramática deductiva
- Aprender a deducir por el contexto

Recursos:
¿Quién es…? ¿Quiénes son…?

Gramática:
- El artículo determinado e indeterminado
- Género y número del sustantivo
- La acentuación
- Los números del 0 al 10

1 ¿Quién es?

a) ¿Quiénes son estas personas?
Objetivo: Formular preguntas usando los números del 0–10. Familiarizarse con algunos nombres de la cultura hispana.
No se trata de comprobar si los alumnos tienen buenos conocimientos de cultura general, sino de crear una necesidad para usar el recurso *¿Quién es…?* y los números en un contexto auténtico.
Procedimiento: Invite a sus alumnos a que, en cadena, cada uno pregunte por un personaje. Por ejemplo, *¿Quién es el (número) 1?* Otro alumno contesta: *Es…* y si no lo sabe, dice: *No sé.* Los nombres que aparecen debajo de las fotos pueden servirles de ayuda (incluso pueden escribir el número de foto al lado del nombre correspondiente para acordarse).
Es importante que los alumnos comprendan que el objetivo del ejercicio es preguntar y contestar en un contexto natural y no comprobar si pueden identificar a las personas.
Solución: 1. Pablo Picasso, 2. Rigoberta Menchú, 3. Miguel de Cervantes, 4. Frida Kahlo, 5. Che Guevara, 6. Antonio Banderas, 7. Isabel Allende, 8. Plácido Domingo

b) ¿Quién es quién? Relacione.
Objetivo: Interacción oral: Preguntar por una persona desconocida y responder usando el artículo indeterminado de forma inconsciente.
Procedimiento: Para realizar esta actividad de práctica oral conviene que deje a sus alumnos suficiente tiempo para que escriban antes los números de las fotos en las correspondientes casillas azules.
A continuación, un alumno pregunta y otro contesta según el modelo. Si responde correctamente, formula a su vez otra pregunta hasta haber encontrado entre los dos a todos los personajes.
Solución: 3, 1, 6, 8, 7, 2, 5, 4.

ℹ **Información:**
Pablo Ruíz Picasso (1881–1973): Pintor español nacido en Málaga, uno de los principales representantes de la pintura del siglo XX. En sus obras se reflejan todas las tendencias artísticas del siglo XX (expresionismo, cubismo, surrealismo). Con su obra "Las señoritas de Avignon" inicia la época cubista. En 1937 el gobierno español le encarga un cuadro para decorar el pabellón español de la Exposición Universal de París. Picasso se inspira en la destrucción de la ciudad vasca de Guernica, bombardeada en abril de 1937 por los aviones alemanes de la Legión Cóndor. Así surge el *Guernica*, un cuadro de grandes dimensiones que se convirtió en poco tiempo en la pintura más famosa del siglo XX. Después de la Exposición Mundial de París el cuadro fue depositado en el Museo de Arte Moderno de Nueva York y finalmente, después de la muerte de Franco y la restauración de la democracia, llegó a España. Hoy día se encuentra en el Museo Reina Sofía en Madrid. Picasso vivió gran parte de su vida en Francia. Es autor de más de 700 cuadros, numerosas esculturas y cerámicas.
Rigoberta Menchú: Nació en 1959 en Guatemala en el seno de una familia maya. En 1992 recibió el Premio Nobel de la Paz en reconocimiento a su lucha contra la opresión indígena. Desde 1983 forma parte de la Comisión de los Derechos Humanos de las Naciones Unidas y desde 1986 es asesora personal del Director General de la Unesco.
Miguel de Cervantes Saavedra (1547–1616): Novelista, dramaturgo y poeta español del Siglo de Oro. Fue soldado en la batalla de Lepanto donde perdió el brazo izquierdo. De aquí le viene el apodo de "El Manco de Lepanto". Cervantes es considerado como el más grande escritor español y uno de los mejores escritores universales. Su obra más conocida, *Don Quijote de la Mancha*, ha trascendido todas las fronteras y todas las culturas. Relata la locura de este personaje a causa de la lectura de novelas de caballería.
Frida Kahlo (1907–1954): Pintora mexicana de gran expresividad, hija del fotógrafo alemán Wilhelm Kahlo y de la mexicana Matilde Calderón, es considerada como una de las mejores pintoras de México. Comenzó a pintar en 1925 después de haber sufrido un grave accidente. El dolor por las continuas operaciones y la maternidad frustrada son los temas constantes de sus cuadros y autorretratos, que a menudo pintaba en la cama con la ayuda de un espejo. En 1929 se casó con Diego de Rivera, pintor, muralista y uno de los fundadores del Partido Comunista Mexicano.
Che Guevara (1928–1967): Ernesto Guevara, conocido como *El Che*, fue un médico argentino de

familia acomodada. En 1955 conoció en México a Fidel Castro y participó en la Revolución Cubana de 1959. El Che fue inicialmente prosoviético pero cambió de posición cuando conoció la Unión Soviética. Esto le causó problemas con Fidel Castro y por eso dejó Cuba para exportar la revolución. *El Che* fue capturado y asesinado por el ejército boliviano en la localidad de La Higuera (Bolivia) en 1967. Para la generación del 68 y el movimiento estudiantil, *El Che* fue un ídolo y se convirtió en un mito que conserva su vigencia hasta hoy en día.

Plácido Domingo: Tenor español nacido en Madrid en 1941. Ha cantado en los mejores teatros de ópera del mundo. Fue galardonado con el Premio Ópera Actual 2003 en reconocimiento a su trayectoria. Desde 1996 es director artístico de la Ópera de Washington y desde 2000 también de la ciudad de Los Ángeles.

Antonio Banderas: Actor español nacido en 1959 en Benalmádena (Málaga). A los 19 años se trasladó a Madrid. Muy pronto comenzó a trabajar con el director de cine Pedro Almodóvar y alcanzó su fama internacional con la película *"Mujeres al borde de un ataque de nervios"*, que fue nominada a los Oscar en 1989 como mejor película extranjera. Actualmente reside en Estados Unidos donde ha participado en películas como *Filadelfia*, *El Zorro*, *Desperado*, etc. También se ha iniciado como director de cine en la película *Missing Alabama*.

Isabel Allende: Novelista chilena, sobrina del presidente chileno Salvador Allende. En 1982 publicó su primer libro "La casa de los espíritus", que se convirtió en un éxito de ventas y se tradujo a 27 idiomas. Otras de sus obras son: *"De amor y de sombra"*, *"Eva Luna"*, *"El plan infinito"*, *"Paula"*, *"Afrodita"*, *"La hija de la fortuna"*.

c) Busque en las frases el artículo indeterminado.
Objetivo: Introducción del artículo indeterminado.
Procedimiento: Pida a los alumnos que vuelvan a leer las frases del ejercicio anterior y busquen en ellas los artículos indeterminados. Con esta información pueden completar el cuadro gramatical.

d) Otras personas famosas.
Objetivo: Familiarizarse con personajes del mundo hispano.
Procedimiento: Pregunte a sus alumnos (en su lengua materna) qué otras personas famosas del mundo hispano conocen y apunte los nombres en la pizarra. Según el interés de los alumnos puede usted detenerse más o menos en el tema.

Y además: Si quiere, puede llevar a clase fotos (recortadas de revistas) de personas famosas de todo el mundo y preguntar: *¿Quién es? / ¿Quiénes son?* Si los alumnos las conocen, contestan diciendo los nombres; si no, dicen *No sé.* y usted las identifica.

2 Salvador Dalí.

a) Lea este texto.
Objetivo: Hacer tomar conciencia a los alumnos de la importancia del contexto para comprender palabras desconocidas.
Procedimiento: Lea usted el texto. De este modo, los alumnos podrán deducir las palabras en español sin grandes esfuerzos.

b) ¿Qué palabras entiende?
Objetivo: Sensibilizar a los alumnos sobre las distintas estrategias de comprensión de lectura.
Procedimiento: Explique a sus alumnos que cuando se enfrentan a cualquier texto ponen en práctica sin saberlo distintas estrategias de comprensión. Anímeles a que reflexionen sobre su propia lectura del texto anterior con ayuda de los ítems que se proponen. Pídales que marquen cuáles de estos aspectos le han ayudado a comprender las palabras en español y que lean algunos ejemplos en voz alta.

c) ¿Qué significa...?
Objetivo: Repasar los recursos para preguntar por el significado de una palabra.
Procedimiento: Por último, invíteles a que le pregunten a usted por las palabras que no hayan entendido. Asegúrese que recuerdan cómo se pregunta por el significado de una palabra.

Para completar sus clases con *Caminos* y al mismo tiempo fomentar el aprendizaje de sus alumnos más allá de los confines del aula *"Caminos online"* le propone una serie de minitareas sencillas que tienen como base páginas web del mundo del español. En este caso, una visita virtual al Museo Dalí.

3 Género y número de los sustantivos

a) Complete el cuadro.
Objetivo: Deducir las reglas del género y número de los sustantivos.
Procedimiento: Deles a sus alumnos unos minutos para completar individualmente el cuadro. Para ello, deben buscar las palabras en el texto de Dalí. Se comparan los resultados en el pleno.
A continuación, pueden deducir las reglas de formación del género y número en español y completar la ficha.

b) Ordene las palabras del texto.
Objetivo: Aplicar las reglas que acaban de deducir en el apartado a).
Procedimiento: Deje a los alumnos tiempo suficiente para que clasifiquen las palabras en negrita

del texto de Dalí según la regla que acaban de deducir. Puede usted recoger los resultados en la pizarra.

4 Una cadena. Singular y plural.

Objetivo: Fijar la formación del plural.
Procedimiento: Pídale a los alumnos que elijan una palabra en español con el artículo correspondiente. Un alumno empieza la cadena con la palabra elegida. El siguiente pone esta palabra en plural y añade otra. Si quiere puede empezar usted mismo para mostrar el funcionamiento de esta actividad.

5 Una persona famosa. 1;4

Objetivo: Comprension auditiva de los números de 0–10.
Para empezar: Antes de escuchar la audición, recuerde con toda la clase los números del 0–10. Por ejemplo, escriba números de tamaño diferente (como los del panel del oculista) en la pizarra y anime a los alumnos a que los lean en voz alta.
Procedimiento: Dígales que van a escuchar diez números y que deben escribirlos en la primera serie de casillas. Ponga la audición (CD 1, track 4) varias veces para evitar la ansiedad que provoca esta situación en los alumnos. A continuación, explíqueles que cada número corresponde a una letra según la clave que tienen a la derecha. Si sustituyen los números por las letras correspondientes, descubrirán el nombre de una persona famosa.
Solución: Números: 6 – 2 – 5 – 1 – 7 – 4 – 0 – 9 – 10 – 8 – 3.
¿Quién es? Fidel Castro.

ⓘ Información:

Fidel Castro, líder del gobierno cubano, es uno de los personajes más controvertidos de la política mundial actual. Nació en el pueblo cubano de Birán en 1926. Junto con el legendario Che Guevara, su hermano Raúl y Camilo Cienfuegos, entre otros, entró en La Habana el 1 de enero de 1959; derrocó al entonces gobernante de la isla, Fulgencio Batista, e instauró el primer estado socialista de América Latina.

6 En parejas. Los números.

Objetivo: Práctica interactiva oral de los números.
Procedimiento: Deje tiempo a sus alumnos para que escriban seis números del 0 al 10 en cifras. A continuación, en parejas, se dictan mutuamente los números y controlan los resultados.

C. El español en el mundo

Objetivos:
- Aprender el nombre de algunos países hispanohablantes y europeos
- Averiguar en qué países se habla español
- Extraer información de un texto
- Comprensión selectiva

Recursos:
¿Se habla español en…? ■ *En… (no) se habla español.*

Gramática:
- La acentuación
- La negación

1 Español o castellano.

a) Millones de personas hablan español.
Escuche. 1;5
Objetivo: Comprensión selectiva e introducción de los países hispanohablantes y algunos europeos.
Procedimiento: Explíqueles a los alumnos que van a escuchar una audición (CD 1, track 5) en la que se mencionan algunos países en los que se habla español. Pídales que marquen en la lista los países hispanohablantes que se mencionan. (En la audición no se nombran todos los países de la lista y los distintos tipos de música pueden servirles de orientación.)
Solución: Argentina, Paraguay, Uruguay, Bolivia, Ecuador, Perú, Colombia, Cuba, Nicaragua, Venezuela, Guinea Ecuatorial, Filipinas.

b) ¿Se habla español en…?
Objetivo: Fijar los nombres de los países.
Procedimiento: Pida a los alumnos que, basándose en sus conocimientos del mundo y en los países marcados anteriormente, se pregunten mutuamente dónde se habla español. Uno pregunta: *¿Se habla español en…?* y se dirige a un compañero. Este contesta *Sí. / No. / No sé.* y formula la siguiente pregunta. Aunque se introduce aquí la negación en la frase, no es necesario profundizar en este tema. En la segunda lección se presentará con más detalle.

2 La acentuación.

a) Escuche y marque la sílaba fuerte. 1;6
Objetivo: Reconocer la sílaba tónica.
Para empezar: Explique a sus alumnos que en español – como en alemán – cada palabra tiene una sílaba tónica. Para que los alumnos se acostumbren

a identificarla, conviene darles algunos ejemplos de palabras conocidas y un apoyo gráfico en la pizarra. Escriba por ejemplo las siguientes palabras y léalas en voz alta marcando la sílaba tónica con una palmada.

español ▪▪■	Latinoamérica	■■■■■■■
España ▪■▪	Caminos	▪■▪

Procedimiento: Ponga la audición (CD 1, track 6). Los alumnos la escuchan dos veces y subrayan la sílaba tónica. Si tienen problemas para encontrarla, usted puede leer las palabras en voz alta haciendo hincapié en la sílaba acentuada.

Pregúnteles si las palabras de cada columna tienen algo en común. (Las palabras de la primera columna se acentúan en la última sílaba, las de la segunda en la penúltima y las de la tercera en la antepenúltima). Escriba las palabras en la pizarra y subraye la sílaba fuerte.

b)
Objetivo: Deducir las reglas de la acentuación del español.
Procedimiento: Pídales que observen detenidamente las palabras de las tres columnas y que presten especial atención a la última letra. Si cuentan las sílabas de atrás hacia adelante podrán deducir las reglas de acentuación y completar la nota de la derecha.

■3 Marque la sílaba fuerte y lea las palabras en voz alta.

Objetivo: Aplicar las reglas de acentuación.
Procedimiento: Anímeles a que marquen las sílabas tónicas de las palabras siguiendo las reglas que han deducido en la tarea anterior. A continuación, las leen en voz alta y usted puede corregir los fallos de acentuación.

Explíqueles que les corrige porque la colocación de los acentos suele perjudicar la naturalidad de la lengua y en ocasiones dificultar la comprensión.

■4 Millones de personas hablan español.

a) El español en el mundo.
Objetivo: Actividad de prelectura. Formular hipótesis sobre el contenido del texto del apartado b).
Procedimiento: Los alumnos leen las preguntas que preceden al texto y formulan hipótesis. Estas preguntas les van a permitir hacerse una idea del contenido; además, guían la lectura y con ello la comprensión. Así se fomenta la estrategia de extraer informaciones de un texto sin dejarse irritar por las palabras desconocidas. Todo eso no podría lograrse con preguntas después del texto, que serían simplemente una forma de controlar la comprensión.

b) Lea este texto.
Objetivo: Practicar una estrategia de lectura: la comprensión selectiva.
Procedimiento: Lea usted el texto en voz alta para facilitar la comprensión.
A continuación, deje suficiente tiempo para que los alumnos puedan leer el texto y comprobar la validez de sus hipótesis.
Después, en el pleno, se hace una puesta en común contestando las preguntas del apartado a).
Los alumnos pueden preguntar por palabras desconocidas usando *¿Qué significa…?,* pero no conviene insistir en detalles ya que se trata de leer el texto solamente para extraer una determinada información.

ⓘ Información:
Si quiere, puede explicar que la denominación "castellano" proviene de la comunidad lingüística en la que surgió esta lengua: Castilla. El término español es relativamente reciente (siglo XVI). En España se hablan además otras dos lenguas románicas, el catalán y el gallego. El vasco es de origen controvertido. Las tres son lenguas cooficiales de las comunidades autónomas donde se hablan.

Al final

Explique a los alumnos que al final de cada unidad hay una tarea que sirve de repaso y en la que se integra la mayor parte de los elementos de la unidad.

a) ¿Se acuerda?
Objetivo: Repasar los contenidos de la unidad.
Procedimiento: En parejas, los alumnos buscan ejemplos para los ítems que resumen los contenidos de la unidad.
Alternativa: Prepare 9 hojas con los 9 ítems como título. Reparta la hojas y deje a los alumnos un minuto para escribir las palabras que recuerdan. A una señal suya cada uno debe pasar su hoja a su vecino de la derecha. Así todos reciben una nueva hoja con un nuevo tema. Deberán añadir más palabras sin repetir las que ya están. Así hasta que a cada uno le hayan tocado todos los temas. Al final se pueden exponer los resultados poniendo las hojas en la pared o en el suelo para que toda la clase admire el trabajo en común.

b) Un póster con los resultados del grupo.
Objetivo: Visualizar lo que han aprendido en esta primera unidad.
Procedimiento: Finalmente pueden confeccionar entre todos un póster con los resultados del grupo. Se escribirán todas las palabras, sin repetirlas, en una cartulina grande que se colgará para que todos puedan ver todo lo que han aprendido en la unidad.

Encuentros

Página introductoria

¿Quién dice qué? 🎧 1;7

Objetivo: Comprensión global; introducción al tema de la unidad: profesiones y procedencia.

Procedimiento: Ponga la audición (CD 1, track 7). Los alumnos escuchan y leen las frases y las relacionan con las fotografías. Pregunte por ejemplo *¿Quién es Vicente?* y un alumno contesta: *El cinco.* A pesar de que algunas palabras son nuevas, los alumnos pueden entender la información dada apoyándose en el contexto.

Para ampliar: Usted puede formular más preguntas y los alumnos contestan con *sí* o *no*.

Por ejemplo: *¿Vicente es mecánico?, ¿Inge es de Buenos Aires?, ¿Marisa es veterinaria?*

De este modo, los alumnos practican sin darse cuenta: *ser* + origen y *ser* + profesión.

Solución: 1 – c; 2 – e; 3 – a; 4 – b; 5 – d.

En esta fase no conviene preguntar por las profesiones de los alumnos ya que no sabrán contestar.

A. Hola y adiós

Objetivos:
- Presentarse
- Saludar y despedirse
- Preguntarle a alguien como está y reaccionar
- Hablar de la procedencia
- Deletrear

Recursos:

¿Es usted la señora / el señor...? ¿Eres...?
- *Mucho gusto. Encantado/-a.* ■ *¿Cómo estás? ¿Cómo está usted?* ■ *Muy bien, gracias. Bien, gracias. Regular. Fatal.* ■ *¿Y tú / usted / ustedes?* ■ *¿Qué tal?* ■ *¿De dónde es usted?* ■ *¿De dónde eres?* ■ *Soy de... ¿Es usted de...? ¿Eres de...?* ■ *Sí, soy de..., No, no soy de...* ■ *¿Cómo se escribe...? Con / sin acento.*

Gramática:
- El presente de indicativo del verbo *ser*; uso de *ser* para identificar a una persona
- Los pronombres personales de sujeto
- El uso de tú / usted / ustedes
- La negación
- El alfabeto

1 **Formas de saludo**

a) Mire las fotos. ¿Cómo se saludan o despiden las personas?

Objetivo: Familiarizarse con los recursos de saludo y despedida y su expresión corporal (gestos).

Procedimiento: Explique a sus alumnos el tema de las fotos: se trata de situaciones de encuentro en las que diferentes personas se saludan o se despiden. Pídales que se fijen en la mímica y los gestos. Van a encontrar diferentes maneras de saludarse: darse la mano, abrazarse, darse uno o dos besos en la mejilla.

Pregúnteles si encuentran alguna diferencia en la forma de saludarse y despedirse en su país. Permita que respondan en su lengua materna.

ⓘ Información:
Las costumbres relativas a los saludos varían mucho según la cultura. En España, por ejemplo, los amigos se dan un beso en cada mejilla (estos besos se dan más bien al aire). Los hombres intercambian un apretón de manos, un abrazo o una palmada en la espalda, aunque dentro de la familia también se besan. En contextos formales, por ejemplo, en el mundo del trabajo, es usual darse la mano.

b) Escuche y relacione. 🎧 1; 8 – 13
Objetivo: Comprensión global. Introducción de recursos para presentarse y saludar.
Para empezar: Indique a sus alumnos que la relación entre textos y fotos no es evidente a primera vista y que necesitan fijarse en otros datos extra lingüísticos para encontrar la solución: ¿*Son hombres o mujeres los que hablan? ¿Se conocen bien o no? ¿Dónde tiene lugar la escena: dentro o fuera?*
Procedimiento: Ponga la audición dos veces (CD 1, track 8 – 13). Los alumnos leen y escuchan los diálogos y los relacionan con las fotos. Se trata de comprender la situación globalmente gracias al contexto (en este caso, las fotos) y no de comprender todo. Al final, se ponen los resultados en común y en caso de duda se puede repetir la audición.
Solución: 1. f); 2. d); 3. e); 4. a); 5. c); 6. b).

c) Lea los diálogos. ¿Qué expresiones reconoce?
Objetivo: Activar conocimientos previos.
Procedimiento: Los alumnos leen individualmente los diálogos y subrayan las fórmulas que ya han visto *(hola, buenas tardes, ¿cómo te llamas?, yo soy…)*. Esta tarea exige otra técnica de comprensión (lectura detallada) y sirve para reactivar el vocabulario que ya conocen y para combinarlo con los nuevos elementos.

d) Una cadena.
Objetivo: Práctica oral guiada: presentarse y reaccionar.
Para empezar: Antes de empezar, llame la atención sobre los recursos del cuadro que ya se han visto en el primer diálogo. Acláreles que las expresiones de la segunda columna sirven para reaccionar y su forma depende de la persona que habla. *Encantado* si es un hombre, *encantada* si es una mujer; *mucho gusto* para ambos. Compruebe que sus alumnos lo han entendido presentándose usted mismo y dejando reaccionar a dos de ellos.
Procedimiento: Comienza la cadena con la presentación de un alumno. El siguiente reacciona y se presenta a su vez al próximo compañero.

e) Complete las frases y la tabla.
Objetivo: Sistematización de las formas del verbo *ser*.
Procedimiento: Pida a sus alumnos que vuelvan a leer los diálogos de la página 20 y que busquen los elementos para completar las frases. En este momento sólo tienen que copiarlos.
A continuación, los alumnos completan el paradigma del verbo *ser*.
Sería útil insistir en que en español los pronombres de sujeto sólo se usan para hacer hincapié en la persona, p. ej. como contraste o para evitar malentendidos.
Ya que en alemán existe solamente una forma para el tratamiento de cortesía *(Sie)*, que sirve para el singular y plural, es conveniente explicar que *usted* y *ustedes* llevan la terminación del verbo según se trate de una o más personas. Escriba en la pizarra:

Anrede	formell	vertraut
– einer Person	usted *(Sie)*	tú *(du)*
– mehrerer Personen	ustedes *(Sie)*	vosotros/-as *(ihr)*

2 ¿Cómo estás/s?

a) Complete.
Objetivo: Introducción de recursos de saludo.
Procedimiento: Remita a los alumnos otra vez a los diálogos de la página 20. En esta ocasión deberán fijarse en los recursos para preguntar a alguien cómo está. Con la información completan las frases. Explíqueles que con las preguntas ¿*Cómo estás)?* o ¿*Qué tal?* no se pregunta directamente por el estado de salud / ánimo sino que se utilizan como fórmulas de saludo y no se espera una respuesta detallada. Evite presentar el paradigma completo de *estar* o contrastarlo con *ser*: en esta fase los dos verbos se presentan como fórmulas.

b) Pregunte a un/a compañero/-a cómo está.
Objetivo: Práctica oral de los recursos presentados en la primera parte de este ejercicio.
Procedimiento: Los alumnos se dirigen a un compañero y practican los minidiálogos usando y variando las frases del modelo.

3 Escuche y marque si las personas se tratan de tú o de usted. 🎧 1; 14 – 19

Objetivo: Comprensión global.
Para empezar: Antes de escuchar la audición, pida a los alumnos que vuelvan a la página 20 y busquen en los diálogos los elementos que presuponen el uso

de tú o de usted (p. ej. la forma del verbo, el uso de *señor/señora,* etc).

Procedimiento: Dibuje en la pizarra un cuadro como el del libro. A continuación, los alumnos escuchan la grabación (CD 1, tracks 14–19) dos veces. Haga pausa entre los diálogos y deje suficiente tiempo para que pongan las cruces. Luego se comparan los resultados: usted vaya apuntando en la pizarra las respuestas que proponen los alumnos sin decir si son correctas o falsas. En caso de que no se pongan de acuerdo con la respuesta ponga otra vez la audición del diálogo correspondiente.

Solución:

	1	2	3	4	5	6
tú			X	X		X
usted/es	X	X			X	

ℹ️ Información:
Explique a los alumnos que tutear a una persona en español no significa, como en alemán, ofrecerle amistad o confianza. En contextos informales, familiares, entre colegas y entre personas de la misma edad generalmente se utiliza *tú.* En contextos comerciales o formales, cuando nos dirigimos a personas mayores, a un policía, a un médico, al jefe se utiliza *usted.*

4 🏃 Encuentros.

Objetivo: Práctica interactiva de los recursos aprendidos en esta unidad en un contexto semi-auténtico.
Procedimiento: Si quiere, ponga una música de fondo relajante. Pida a los alumnos que caminen por la clase y se dirijan a una persona usando todos los recursos que recuerden para saludarse, presentarse y despedirse. Anímelos a levantarse para poder realizar esta actividad. Participe usted también en la actividad si nota que los alumnos se sienten inseguros. Es muy importante que los alumnos no se sientan controlados ya que en esta fase del aprendizaje están entrenando sus destrezas comunicativas y no es conveniente interrumpirles para corregir posibles errores.

5 Mapa de Europa.

a) ¿Cómo se llaman estas ciudades en español?
Objetivo: Introducir el nombre de algunas ciudades europeas para preparar las próximas tareas.
Procedimiento: Pídales a los alumnos que miren el mapa. Pregunte por el nombre español de algunas ciudades, por ejemplo: *¿Cómo se llama "London" en español?* Los alumnos van a contestar apoyándose en su conocimiento del mundo, en este caso de geografía.

Solución: Londres, Múnich, Hamburgo, Estocolmo, Viena, Berna, Bruselas, Roma.

b) ¿De dónde son estas personas?
Objetivo: Práctica oral muy guiada para hablar de la procedencia y preparar la próxima tarea.
Procedimiento: Invite a los alumnos a que adivinen de dónde son las personas. Los nombres y apellidos típicos de cada país les ayudan.
Solución: Inga – Estocolmo; Jacqueline – París; Vreni – Berna; Henk – Amsterdam; Paolo – Roma; James – Londres.

6 🏃 ¿De dónde es usted?

Objetivo: Interacción oral para preguntar por la procedencia y reaccionar en un contexto auténtico.
Para empezar: Puede utilizar los mapas del libro (o traer uno propio) para enseñar a los participantes la ciudad de dónde procede usted: *Soy de…*
Llame la atención de los alumnos sobre los recursos del cuadro. Explíqueles que con ellos podrán preguntar a una persona por su procedencia. Explíqueles además el doble uso de *no (nicht / nein).*
Procedimiento: Anime a sus alumnos a que se levanten y paseen por la clase para averiguar quién no es originario de la ciudad donde se hace el curso. De esta forma practican los recursos que encuentran en el cuadro (*¿De dónde eres?* etc.) en un contexto auténtico. Pueden llevar el libro abierto como ayuda. Si encuentran a alguien que no sea de la misma ciudad, apuntan su nombre y la ciudad. Cuando hayan terminado esta actividad, cada uno presenta a una persona en el pleno, p. ej.: *Petra es de Berlín.*

7 Procedencia.

a) Escuche. ¿De dónde son estas personas?
🎧 1; 20–24
Objetivo: Comprensión selectiva.
Para empezar: Explique a los alumnos que van a escuchar a varias personas hablando de su procedencia. En este primer paso tienen que concentrarse sólo en el país de origen de las personas y apuntarlo.
Procedimiento: Ponga la audición (CD 1, tracks 20–24) varias veces (y con pausas). Los alumnos escuchan y escriben el nombre del país del que son las personas debajo de las fotos. Para comprobar los resultados pregúnteles, por ejemplo: *¿De dónde es Carlos?* etc.
Solución: Carlos: Uruguay; Isabel: Costa Rica; Nuria y Luisa: España; Catalina: México; Jesús y Daniel: Ecuador.

b) Escuche otra vez y anote las ciudades.

Objetivo: Comprensión selectiva; preguntar cómo se escribe una palabra.

Procedimiento: Vuelva a poner la audición (CD 1, tracks 20–24). En este segundo paso los alumnos deberán anotar las ciudades de procedencia de las personas. La dificultad de algunos nombres como *Guayaquil* sirve de pretexto para introducir la expresión *¿Cómo se escribe?* en un contexto auténtico. Pregunte otra vez *¿De dónde es Carlos?* etc. y escriba los nombres que dicen los alumnos en la pizarra. Si están inseguros, pueden preguntar *¿Cómo se escribe…?*

Esta actividad sirve también para la introducción del alfabeto en la página siguiente.

Solución: Carlos: Montevideo; Isabel: San José; Nuria y Luisa: Jerez y Barcelona; Catalina: Guadalajara; Jesús y Daniel: Guayaquil.

8 Escuche y lea el alfabeto. 📻 1; 25

Objetivo: Presentar y practicar el alfabeto y el deletreo.

Procedimiento: Ponga la audición (CD 1, track 25) o lea usted despacio el alfabeto. Los alumnos leen y lo repiten.

☺|☺: Entre las expresiones para deletrear que están a la derecha del alfabeto (en azul) se menciona la diéresis (que a este nivel no es imprescindible) para que los alumnos germanohablantes puedan deletrear su apellido.

Y además: Después, para afianzar el nombre de las letras, propóngales algunas actividades lúdicas. Con el libro cerrado pueden hacer, por ejemplo, una cadena: de tres en tres (a b c, ch d e…); una cadena al revés (z y x…), una cadena sólo de consonantes… Otras propuestas para practicar el deletreo:

– En parejas. Cada uno deletrea algunas palabras que el compañero tiene que apuntar.

– Usted empieza a deletrear una palabra española (preferiblemente larga, como algunos nombres de los países latinoamericanos). ¿Quién la identifica primero?

– Cada alumno piensa en una palabra larga (puede ser alemana). Uno empieza a deletrear su palabra, los otros intentan identificarla lo antes posible. El que la encuentra primero sigue.

9 🏃 ¿Cómo se escribe?

Objetivo: Práctica interactiva oral del deletreo.

Procedimiento: Invite a sus alumnos a que se levanten, pregunten a tres compañeros por su nombre y cómo se escribe su apellido y lo apunten en un papel. Pueden seguir el modelo del libro. Mientras un alumno escribe, el otro controla que su compañero no cometa errores.

10 Una reserva telefónica. 📻 1; 26

Objetivo: Comprensión selectiva: el deletreo. Como final de este bloque se presenta una situación real e importante para turistas: una reserva telefónica.

Para empezar: Antes de poner la audición, pida a sus alumnos que miren la foto y la nota con los pictogramas. De esta forma, los alumnos escucharán la audición con un objetivo determinado. Indíqueles que tienen que concentrarse sólo en el nombre de la persona que llama por teléfono.

Procedimiento: Los alumnos escuchan la audición (CD 1, track 26) y escriben el nombre de la persona que hace la reserva. Repita la audición dos o tres veces. Luego un alumno deletrea el nombre y apellido y usted lo escribe en la pizarra.

Solución: Laura Jancovich.

B. ¿Y qué hace usted?

Objetivos:

■ Recursos para dar información personal (profesión, lugar de trabajo, lenguas)

Recursos:

¿Qué haces? ¿Qué hace usted? ■ *Soy…, Estudio…, Trabajo en…, Hablo…*

Gramática:

■ Presente de indicativo de los verbos regulares en *-ar*
■ El uso de *ser* para indicar la profesión
■ El género en los nombres de profesiones

1 Ofertas de empleo.

Objetivo: Introducir vocabulario relativo a las profesiones. Comprensión global a partir de los conocimientos del mundo que tienen los alumnos (oferta de empleos).

Para empezar: Puede aprovechar el tema de las profesiones para repasar el deletreo. Escriba las profesiones que ya han visto en pequeños papelitos (p. ej. *profesora, mecánico, dentista, electricista, cocinero, veterinaria, taxista, cantante, fotógrafo, reportero, pintor, político.)* Cada alumno escoge un papelito y deletrea el nombre de la profesión a su vecino. Este lo apunta y dice lo que significa.

Procedimiento: Pida a los alumnos que lean los anuncios y marquen las palabras que entienden. Aquí, como en todos los textos de *Caminos*, es importante que dirijan su interés primero a lo conocido y que dejen de lado lo desconocido. Se darán cuenta de que pueden entender la mayoría de la palabras por el tipo de texto (ofertas de empleo) y sus conocimientos del mundo. Anímeles también a usar el contexto para hacer hipótesis sobre las palabras desconocidas (por ejemplo, *hospital* puede ayudar a deducir el significado de *enfermera*).

2 Profesiones.

a) ¿Qué anuncios se dirigen a mujeres?
Objetivo: El género de los nombres de profesiones.
Procedimiento: En la primera unidad los alumnos han visto que las palabras en *-o* suelen ser masculinas y en *-a* femeninas, por eso podrán identificar el género de algunas profesiones. Pídales que vuelvan a leer las ofertas de empleo y pregúnteles cuáles de los anuncios se dirigen a mujeres, a hombres o a ambos.
Luego, miran el cuadro y se dan cuenta de que en algunos casos (nombres en *-ista, -e*) pueden servir tanto para hombres como para mujeres. Pueden añadir otras profesiones que ya conocen *(veterinaria, taxista, etc)*.

b) Una cadena de profesiones.
Objetivo: Práctica oral guiada para fijar el género de los nombres de profesiones.
Procedimiento: Comience la cadena mencionando una profesión, por ejemplo, *programador*. El primer alumno repite la misma profesión pero refiriéndose al sexo opuesto, en este caso, *programadora* y menciona otra. Se continúa la cadena hasta que todos hayan participado. Por supuesto, también pueden mencionar profesiones que sean tanto femeninas como masculinas *(taxista, recepcionista,* etc.).

3 ¿Qué hacen ahora? 1;27

a) Escuche y marque las profesiones en el texto.
Objetivo: Comprensión auditiva selectiva.
Procedimiento: Los alumnos escuchan y leen el texto (CD 1, track 27). La tarea de subrayar las profesiones sirve para que escuchen con un objetivo concreto. Así se fijan en un aspecto del contenido sin dejarse irritar por las palabras desconocidas. La palabra *vive* sólo se tratará aquí como léxico ya que la conjugación de los verbos en *-ir* se presenta en el bloque C de esta unidad. Antes de explicar todas las palabras desconocidas, anime a los alumnos a que hagan la tarea b).

b) Complete con las informaciones del texto.
Objetivo: Comprensión lectora. Introducción de recursos para dar informaciones personales.

Procedimiento: Pida a los alumnos que vuelvan a leer el texto y deje suficiente tiempo para que completen el cuadro. Esta tarea sirve para ayudar a los alumnos a extraer las informaciones principales del texto (tienen que volver a leerlo con mucha atención), no para controlar si lo han entendido. Por eso, no importa si no han podido completarlo todo.

Solución:

¿Cómo se llama	¿Qué hace?	¿Dónde trabaja?	¿Dónde vive?
Ana	profesora	instituto	Granada
José Luis	cocinero	—	Barcelona
Juan	jefe del departamento de Créditos	Banco Atlántico	Barcelona
Raúl	—	Banco de Santander	Barcelona
Carmen	ama de casa		Toledo
Pepe	médico	hospital	Toledo

Usted puede dibujar el esquema en la pizarra e ir completando el cuadro con las aportaciones de los alumnos. Así se comparan los resultados y se aclaran las palabras desconocidas. Anímeles a que deduzcan el mayor número posible por el contexto y a que se acerquen a un significado aproximado. Aunque no sepan lo que significa *No me digas*, podrán deducir, por ejemplo, que se trata de una expresión de sorpresa.

c) Busque en el texto las formas que faltan.
Objetivo: Sistematización del presente de indicativo de los verbos regulares en *-ar*.
Procedimiento: Los alumnos buscan en el texto las formas que faltan. De este modo se sistematiza el presente de indicativo de los verbos regulares en *-ar*. Anímeles a buscar otros verbos similares que aparecen en el texto y en las ofertas de empleo y a conjugarlos siguiendo el mismo modelo (mirar, hablar, trabajar, estudiar, buscar, necesitar).

4 En dos grupos. Preguntas sobre el texto.

Objetivo: Fijación de los recursos para preguntar y recibir información sobre una persona.
Para empezar: Divida la clase en dos grupos y sugiéreles que preparen una serie de preguntas sobre el texto de la página anterior. Pueden formular más preguntas que las sugeridas en los modelos.
Procedimiento: Un alumno del grupo A formula una pregunta y otro del grupo B contesta. Luego viceversa. Si quiere, puede plantear este ejercicio como una competición. Por cada pregunta y respuesta correcta, usted otorgará un punto.

5 ¿Qué lenguas hablan?

a) Escuche. ¿Qué hacen estas personas?
🔊 1; 28–30
Objetivo: Comprensión selectiva.
Para empezar: Pida a sus alumnos que vuelvan a las ofertas de empleo y busquen los idiomas que se exigen a los candidatos (inglés y alemán).
Procedimiento: Ponga la audición (CD 1, tracks 28–30) y pida a los alumnos que se concentren primero en la profesión de las personas. Luego ponga la audición nuevamente. En esta ocasión deberán anotar las lenguas que hablan. Por último, se comparan los resultados en el pleno.

b) Y usted, ¿qué lenguas habla?
Objetivo: Práctica oral personalizada.
Procedimiento: En esta actividad se personaliza lo que han aprendido y se forma una cadena siguiendo el modelo dado. Para no sobrecargar a los alumnos con vocabulario adicional aquí se mencionan las lenguas europeas más habladas, inglés, alemán y francés. De acuerdo a las nacionalidades de sus alumnos usted puede añadir otras lenguas, por ejemplo, holandés, ruso, turco, húngaro, etc.

6 ¿Qué hace?

a) 🏃 Pregunte a tres compañeros/-as qué hacen.
Objetivo: Práctica interactiva de los recursos para preguntar por la profesión y decirla.
Para empezar: Llame la atención de sus alumnos sobre la nota que está debajo del cuadro. En esta se presentan algunas formas de decir la profesión cuando no existe una correspondencia directa en español. Con *soy responsable* podrán nombrar el puesto que ocupan. *Soy empleado de / trabajo en* les servirán para referirse al lugar de su trabajo. Usted puede llevar también un diccionario a clase para solucionar las dudas que puedan surgir con profesiones poco frecuentes.
👁|👁: El paradigma completo del verbo *hacer* se presenta en la unidad 7, aquí se usa solamente como fórmula.
Procedimiento: Los alumnos se levantan, preguntan a tres compañeros por su profesión y toman nota. Siguiendo el modelo practican el recurso *¿Qué haces?* o *¿Qué hace usted?* en un contexto auténtico.

b) Presente ahora los resultados al grupo.
Objetivo: Hablar de la profesión y el lugar de trabajo de los compañeros.
Procedimiento: Los alumnos presentan sus resultados al grupo siguiendo el modelo. Así utilizan también la tercera persona de *ser* y *trabajar*. Usted

puede ayudarles diciendo, por ejemplo: *¿Qué hace Marianne?*
Y además: Propóngales como tarea para casa visitar la página de *Caminos Online* para obtener información sobre su profesión en español o sobre las profesiones en España.

C. Y usted, ¿dónde vive?

Objetivos:
■ Dar y pedir información personal (número de teléfono, correo electrónico, lugar de residencia)

Recursos:
¿Dónde vive/s? ■ *¿Habla/s…?* ■ *¿Tiene/s teléfono / móvil / correo electrónico?* ■ *¿Cuál es tu / su número de teléfono / de móvil / correo electrónico*

Gramática:
■ El presente de indicativo de los verbos regulares en *-er* y en *-ir*
■ Los números de 11 a 100
■ Presente de indicativo del verbo *tener*

1 Dos turistas en Iguazú.

a) Escuche y lea el diálogo y marque las palabras diferentes. 🔊 1; 31
Objetivo: Introducción de los recursos para decir donde se vive y el número de teléfono. Repaso de los recursos de procedencia, información personal, lugar de trabajo.
Para empezar: Pregunte a los alumnos si alguien conoce las cataratas de Iguazú y dónde se encuentran.

ℹ Información:
Cataratas del Iguazú: El Iguazú es un río que fluye entre Brasil y Argentina. En la provincia de Misiones, la sierra Victoria atraviesa el curso del río Iguazú (que en la lengua indígena guaraní significa "grandes aguas"), dando lugar a las famosas cataratas del Iguazú, un conjunto de más de 270 cascadas, que se precipitan desde una altura máxima de 80 m.
Procedimiento: Explique a los alumnos que van a escuchar y leer un texto y que algunas palabras no son idénticas en el libro y en la grabación. Al escuchar (CD 1, track 31) tienen que subrayar en el libro las palabras que son diferentes. Esta tarea les da un

motivo concreto para escuchar con atención y no fijarse en palabras desconocidas.

Solución:

Perdón, ustedes no son *de aquí*, ¿verdad?

¡Pero hablan muy bien *castellano*!

¿Aprenden *castellano* en Alemania?

En *Hamburgo*.

¡Ah, en *Hamburgo*!

Sí, pero sólo *quince* días.

No, yo vivo en *la capital*.

Aquí tienen el número de mi *celular*.

Si quiere, ponga la audición una o dos veces más y pida a los alumnos que apunten las palabras que son diferentes a las del texto impreso. Puede explicar que en algunos países de Latinoamérica se dice *celular* en vez de *móvil*.

b) Complete las formas y marque las diferencias.

Objetivo: Sistematizar los verbos regulares en *-er* y en *-ir*.

Procedimiento: Para completar el paradigma de *aprender* y *vivir*, los alumnos buscan en el texto las formas que faltan. Explíqueles que este modelo sirve para todos los verbos regulares en *-er* e *-ir*. Recuérdeles que ya han aprendido anteriormente la conjugación de los verbos en *-ar,* es decir que ya conocen el presente indicativo de los verbos regulares de las tres conjugaciones *(-ar, -er, -ir)*. Después marcan las diferencias entre las dos conjugaciones y completan el papelito con la regla. Se darán cuenta de que las terminaciones son iguales para todas las personas salvo la primera y segunda persona plural (aprend*emos* / viv*imos*; aprend*éis* / viv*ís*)

c) Complete las frases y marque las informaciones correctas.

Objetivo: Comprensión lectora. Fijación de los verbos terminados en *-ar, -er, -ir.*

Procedimiento: Los alumnos completan por escrito las frases con la forma del verbo correspondiente. A continuación, pida a tres alumnos que lean otra vez en voz alta el diálogo del primer apartado. Finalmente cada uno marca las informaciones correctas en el apartado c). Por último, sugiérales que hagan una puesta en común para comprobar los resultados, por ejemplo, seis voluntarios leen las frases y dicen si son correctas o no.

Y además: Proponga a los alumnos practicar la conjugación de los verbos en *-er* e *-ir* con un dado. Cada punto del dado corresponde a un pronombre personal, es decir, 1 = yo, 2 = tú, 3 = él, ella, usted, etc. El alumno elige un verbo de estas dos conjugaciones para practicar (aprender, vivir, vender, etc.), tira el dado y forma una frase con el pronombre personal que le haya tocado.

2 Números de teléfono.

a) Escuche y complete. 🎧 1;32

Objetivo: Preguntar por el número de teléfono, el móvil y el correo electrónico.

Para empezar: Pregunte a sus alumnos por el número de teléfono. Escriba una dirección electrónica (o la suya) en la pizarra y dígales que en español @ significa arroba. Puede comentarles que la arroba era una medida de capacidad conocida ya por los griegos y los árabes.

Procedimiento: Ponga la audición dos veces (CD 1, track 32) y pida a los alumnos que completen el diálogo.

Solución:

◆ Rosa, ¿cuál es tu *número* de móvil?

◇ Es el *6 – 8 – 9 – 9 – 5 – 3 – 5 – 9 – 7.*

◆ ¿Y tienes correo electrónico?

◇ Sí, *r-ortega*@yahoo.es.

b) Pregunte a sus compañeros/-as si tienen estas cosas.

Objetivo: Completar el paradigma del verbo *tener.* Fijar su uso.

Para empezar: Pida a los alumnos que completen el paradigma de *tener* buscando la forma que falta en el diálogo. Coménteles que es un verbo muy utilizado, entre otras cosas para preguntar por la edad de una persona. *¿Cuántos años tienes? Tengo 20 años.*

Procedimiento: Los alumnos se preguntan mutuamente, según el modelo, si tienen los objetos mencionados (móvil, vídeo, etc.). De esta forma volverán a repasar la negación.

3 Los números hasta 100.

a) Escuche los números. 🎧 1;33

Objetivo: Presentación de los números hasta 100.

Para empezar: Antes de escuchar la audición, repase con toda la clase los números del 0 al 10. Por ejemplo, pídales a los alumnos que cuenten con usted hasta 10 al revés.

Procedimiento: Ponga la audición (CD 1, track 33). Los alumnos escuchan y leen los números cardinales de once a veinticinco y las decenas hasta 100.

Y además: Proponga luego algunas actividades para fijar los números. Por ejemplo:

– Escriba las siguientes series en la pizarra y pida a algunos alumnos que las continúen en voz alta.

5 – 10 – 15 – 20 – 25

8 – 16 – 24 – 32

10 – 20 – 30

– Pida a un alumno que mencione un número de dos cifras, escríbalo en la pizarra y anime a otro alumno a formar otro número que empiece con la última cifra del anterior. Por ejemplo: 32–25–54–48–87, etc. y así sucesivamente.

b) **Pregunte a tres compañeros/-as por su número de teléfono o de móvil y por su dirección de correo electrónico.**
Objetivo: Práctica interactiva de los recursos presentados en el bloque.
Procedimiento: Puede fotocopiar para este ejercicio la página nº 2. Invite a sus alumnos a levantarse y preguntar a tres compañeros por su número de teléfono, móvil y correo electrónico y anotarlos en la hoja. Insista en que es habitual agrupar los números de teléfono de dos en dos si son impares primero uno y luego en pares. Recoja las fotocopias y pídale a algún voluntario que elabore una agenda de la clase para todos los compañeros.

4 **¿Qué números oye?**  1; 34–39

Objetivo: Comprensión selectiva de números.
Procedimiento: Los números se presentan en el contexto de seis minidiálogos. Ponga la audición (CD 1, tracks 34–39) dos veces. Haga pausa entre los diálogos y deje suficiente tiempo para que los alumnos marquen los números mencionados. Haga una puesta en común.
Solución: a) 15; b) 12; c) 70; d) 86; e) 91; f) 16.

5 **Una cadena de números.**

Objetivo: Fijación de los números.
Procedimiento: Pida a los alumnos que continúen la serie de acuerdo al modelo dado hasta llegar, por ejemplo, a 50.

6 **Encuesta.**

a) **Una encuesta en el grupo.**
Objetivo: Interacción oral para pedir información. Repaso de la conjugación de los 3 grupos de verbos regulares.
Para empezar: Explique que se trata de llevar a cabo una "encuesta" con el objetivo de encontrar una persona para cada frase. Antes de que los alumnos se levanten y empiecen a hacer la encuesta (y para asegurarse de que formulan bien las preguntas), pídales que formulen las preguntas que corresponden a cada frase y escríbalas en la pizarra.
Procedimiento: Los alumnos se levantan y preguntan a un compañero por ejemplo: *¿Hablas italiano?* o *¿Habla usted italiano?*, según se tuteen o no en la clase. Si éste contesta que sí, apuntan su nombre al lado; si contesta que no, siguen con la próxima pregunta, etc. Después de la última pregunta se diri-

gen a otro compañero y le hacen aquellas preguntas para las que todavía no han apuntado nombre y así sucesivamente.
Usted puede también participar en la "encuesta" y pasear por la clase escuchando y ayudando si hace falta. En esta fase no conviene corregir errores.
Este tipo de ejercicios sirve para fijar estructuras (en este caso la segunda persona de los verbos que han aprendido) sin tener el carácter de un ejercicio mecánico de repetición. El objetivo no lingüístico (buscar información sobre la clase) crea una situación comunicativa auténtica; la repetición de las preguntas no parece mecánica puesto que sirve para encontrar a la persona adecuada.

b) Presente ahora los resultados.
Objetivo: Practicar los verbos de las preguntas en la tercera persona.
Procedimiento: Los alumnos presentan los resultados en el pleno. Para ello, algunos voluntarios leen en voz alta las respuestas obtenidas.

Al final

En parejas. Escriban un diálogo entre dos de estas personas.
Objetivo: Repasar los recursos de la unidad.
Procedimiento: Anime a los alumnos a que, en parejas, elijan a dos de las personas de las fotos y escriban un diálogo utilizando la mayor cantidad de recursos posibles aprendidos en la unidad. Después, algunos voluntarios pueden leer su diálogo en voz alta y los demás adivinan de quién se trata.

Ciudades y pueblos

Página introductoria

Complete el plano.

Objetivo: Presentar vocabulario relativo a los principales lugares de una ciudad. Establecer un primer contacto con el tema y activar conocimientos previos.

Procedimiento: Proponga a los alumnos que escriban el nombre de los lugares en el plano copiando las palabras de los carteles. Se van a dar cuenta de que ya pueden entender muchas palabras puesto que se trata de internacionalismos. Además, el apoyo visual les ayuda a resolver la tarea.

A. Hay de todo

Objetivos:
■ Describir lugares
■ Hablar de la existencia de cosas y lugares
■ Expresar gustos

Recursos:
¿Hay…? ■ *Sí, hay un/a…* ■ *No, no hay.* ■
¿Te / le gusta(n)…? Sí, (me gusta) mucho. / Depende. / No, (no me gusta) nada.

Gramática:
■ El uso de *hay*
■ El uso de *ser* + adjetivo para describir lugares y personas
■ La concordancia entre el adjetivo y el sustantivo
■ El uso de *gustar*

1 México, D. F.

a) Mire las fotos de México, D. F. y marque las palabras que entiende.

Objetivo: Actividad de prelectura.

Para empezar: Pregunte a sus alumnos si saben algo de México, D. F. y anote algunos puntos en la pizarra.

Procedimiento: Pida a sus alumnos que miren las fotos y que individualmente subrayen las palabras que entienden. Con las imágenes y el texto que las acompaña, los alumnos dispondrán de una información que les ayudará a entender la entrevista siguiente. Si quiere, puede dar más información sobre los edificios de la fotos.

ℹ Información:

México, D. F. (Distrito Federal): La capital de México, centro geográfico, político, económico y cultural del país es una de las ciudades más interesantes de América. Con sus 30 millones de habitantes es la ciudad más grande del mundo. Sus principales edificios son el Zócalo, gigantesca y armoniosa plaza en la que está la Catedral, comenzada en 1573 y terminada en el siglo XIX; el Palacio Nacional, construido sobre las ruinas del antiguo Palacio de Moctezuma y residencia de los virreyes durante la época hispánica; el palacio del Ayuntamiento, magnífica construcción del siglo XVII; el Palacio de Bellas Artes y el Museo Antropológico.

Palacio de Bellas Artes: Es centro de numerosos acontecimientos culturales, ópera, conciertos, teatro, exposiciones, etc. Fue construido a principios del siglo XX por el arquitecto italiano Adamo Boari. En el arco de la fachada principal se encuentran cuatro hermosas estatuas que simbolizan la armonía, la inspiración y la música.

El telón de la sala principal representa el valle de México en un mosaico de cristal que fue hecho por el taller Tiffany de Nueva York. En el tercer y cuarto piso se ubican varias salas de exposiciones e importantes obras del muralismo mexicano; destacan entre los autores: Rivera, Orozco, Siqueiros y Tamayo.

El Paseo de la Reforma: Esta importante avenida fue proyectada por el emperador Maximiliano para acortar la distancia que tenía que recorrer desde el Castillo de Chapultepec hasta el Palacio Nacional. En ella se encuentran monumentos como la Fuente de la Diana Cazadora, el Monumento a Colón y el famoso Ángel de la Independencia, así como algunos de los edificios más representativos de la Ciudad de México como la Bolsa Mexicana de Valores y la Torre Mayor, el edificio más alto de Latinoamérica.

b) Escuche a una mexicana que describe su ciudad. 🎧 1;40

Objetivo: Comprensión selectiva. Presentar vocabulario de la página introductoria en contexto. Introducir la forma impersonal *"hay"*.

Para empezar: Antes de proceder a la audición, explique a los alumnos que van a escuchar una entrevista con una mexicana que describe su ciudad, México D.F., una de las ciudades más grandes del mundo. Pídales que cierren el libro.

Procedimiento: Ponga la audición (CD 1, track 40) y pida a los alumnos que apunten algunas palabras que hayan entendido, basta con 5 ó 6. Reconocerán algunos de los nombres de edificios que acaban de ver en la página introductoria. Comparando las palabras que han apuntado con su compañero, se darán cuenta de que juntos ya han entendido mucho. A continuación se lee el texto y se aclaran las palabras nuevas.

Alternativa: Los alumnos escuchan y leen el texto a la vez y subrayan las palabras conocidas; esto tiene la ventaja de que encuentran más palabras, pero entonces hay mayor peligro de que se fijen más en estructuras desconocidas.

👁|👁: En esta fase no conviene insistir en los fenómenos gramaticales que se presentan en el texto (la concordancia del adjetivo y el uso de *hay*), puesto que se verán en detalle en los ejercicios que siguen en este bloque.

c) ¿Cómo es México para Marisela? Marque los adjetivos.

Objetivo: Comprensión global.

Procedimiento: Después de la lectura del texto los alumnos marcan las palabras que Marisela utiliza para caracterizar a su ciudad *(grande, fantástica, impresionante, de muchos contrastes, especial)*. De esta forma, dirigen su atención de forma no explícita hacia los adjetivos.

A continuación, se contestan las preguntas sobre el texto. De nuevo, concentran la atención en el contenido del texto y la forma *hay*. En un segundo paso pueden deducir el significado de *hay*. Puede mencionar que es invariable.

2 **Casares**

a) Mire la foto de Casares, un pueblo de Andalucía, y lea el texto.

Objetivo: Comprensión global. Introducir recursos para describir un lugar: *ser* + adjetivo y el uso de *hay*.

Para empezar: Pregunte por el tipo de texto (página web de información turística en Internet) y las informaciones que aparecen normalmente en él. Las predicciones sobre el contenido del texto facilitarán a los alumnos su comprensión. La foto de Casares contrasta con las anteriores de México, D. F.

Procedimiento: Lea usted el texto. Los alumnos tratan de comprender el léxico desconocido. Por último, aclare el vocabulario si aún quedan dudas. Si quiere, puede hacer algunas preguntas sobre el texto, por ejemplo: *¿Casares es un pueblo o una ciudad? ¿Es grande o pequeño? ¿Hay muchos habitantes? ¿Hay problemas de tráfico? ¿Hay autopista?*

b) ¿Qué informaciones hay en el texto?

Objetivo: Extraer las informaciones esenciales de un texto.

Procedimiento: A continuación los alumnos completan los mapas asociativos individualmente. Finalmente, haga una puesta en común en la pizarra con las exposiciones de los alumnos.

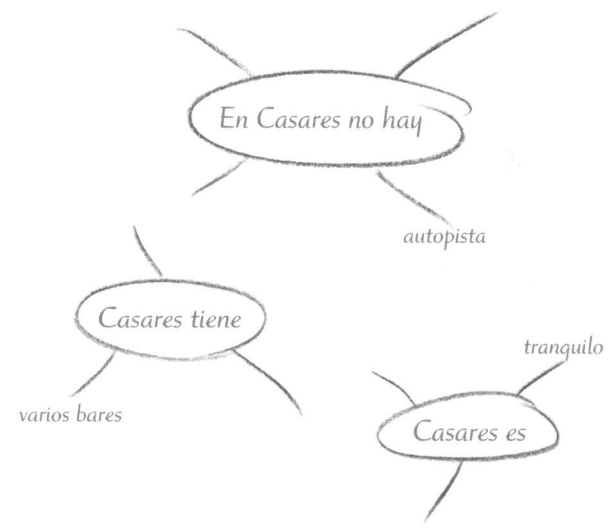

3 **¿Qué hay?**

a) ¿Qué hay en una ciudad y qué hay en un pueblo?

Objetivo: Clasificar vocabulario. Preparar la sistematización de la concordancia.

Procedimiento: Remita a sus alumnos a los textos de México y Casares y pídales que busquen las expresiones para describir una ciudad grande y un pueblo. Copiando las expresiones de los textos, aplican sin darse cuenta los cuantificadores que se usan con *hay* y la concordancia del adjetivo.

Solución posible:

ciudad	pueblo
mucha contaminación	casas blancas
muchos coches	iglesia antigua
mucho ruido	varios bares y restaurantes
actividades culturales	poco tráfico
centros comerciales	pocos turistas

b) Preguntas sobre México, D. F. y Casares.
Objetivo: Práctica oral: el uso de *hay*.
Procedimiento: Divida la clase en dos equipos y pídales que escriban cuatro preguntas sobre Casares y México, D. F. Después, un equipo pregunta al otro siguiendo los modelos dados en el libro.

c) ¿Y qué hay en su ciudad?
Objetivo: Práctica oral personalizada: hablar sobre su propia ciudad.
Procedimiento: Proponga que cada alumno, en cadena, formule una frase diciendo qué hay y qué no hay en su ciudad.
Alternativa: Si todos los participantes vienen de una misma población, pueden hacer el ejercicio en cadena sin repetir lo que han dicho los compañeros anteriores. Usted también puede hacer preguntas a algunos alumnos, por ejemplo: *¿Hay un museo en…?*, etc.

▮4 Entrevista. 🔊 1;41

a) Escuche y complete la entrevista.
Objetivo: Comprensión auditiva selectiva.
Procedimiento: Anime a los alumnos a escuchar atentamente la entrevista a un campesino español. Ponga la audición (CD 1, track 41). A continuación, completan las frases con los adjetivos dados.
Solución: pequeño, pocas, culturales, ideal.

b) Complete el cuadro.
Objetivo: Sistematización de la concordancia de los adjetivos.
Procedimiento: Invite a los alumnos a completar el cuadro. No les resultará difícil puesto que se trata de expresiones que acaban de ver en los textos sobre México D. F. y Casares. Además, conocen las reglas de género y de número del sustantivo desde la primera unidad. Aquí se trata de que los alumnos descubran que el adjetivo varía también en género y número en concordancia con el sustantivo.
Haga notar también a los alumnos que, generalmente, el adjetivo va detrás del sustantivo pero que a veces también puede ir delante como en el caso de *poco y mucho.*

Para los alumnos poco acostumbrados a las lenguas extranjeras, conviene explicar que en español el adjetivo predicativo también concuerda con el sustantivo, por ejemplo:
una ciudad *bonita*   eine schöne Stadt
la ciudad es *bonita*   die Stadt ist schön

▮5 Una ciudad imaginaria.

a) ¿Qué hay en su ciudad imaginaria?
Objetivo: Fijar la concordancia de los adjetivos.
Procedimiento: Proponga a sus alumnos inventar una ciudad imaginaria y escribir cinco cosas que hay allí combinando cada una con un adjetivo. Recuérdeles que deben respetar la concordancia, por ejemplo, *una fábrica moderna / un teatro antiguo.*

b) Ahora su compañero/-a adivina qué hay en su ciudad imaginaria.
Objetivo: Práctica oral: la concordancia del adjetivo.
Procedimiento: Sugiera a sus alumnos que en parejas cada uno trate de averiguar lo que hay en la ciudad imaginaria de su vecino preguntando por combinaciones posibles. La pregunta *¿Hay un parque?* es real ya que los alumnos no conocen las combinaciones de su compañero. Hasta llegar a encontrarlas, tienen que hacer muchas preguntas con diferentes combinaciones y así practicar la concordancia.

▮6 ¿Qué ciudad es?

a) ¿Qué ciudades reconoce?
Objetivo: Presentar el tema "la ciudad" en un contexto auténtico.
Procedimiento: Deje suficiente tiempo para que sus alumnos observen las fotos y hagan hipótesis sobre qué ciudades se trata. No dé las soluciones, así aumentará la curiosidad a la hora de escuchar la audición.
Solución: La Habana (el Capitolio); Madrid (Plaza Mayor); Berlín (Puerta de Brandeburgo); París (Torre Eiffel); Viena (Castillo de Schönbrunn); Buenos Aires (Plaza del Congreso)

b) Escuche y relacione los textos con las fotos. 🔊 1;42–47
Objetivo: Comprensión auditiva selectiva.
Procedimiento: Explique a sus alumnos que van a escuchar una publicidad en la radio sobre estas ciudades. En la primera audición (CD 1, tracks 42–47) los alumnos tratan de identificar las seis ciudades. Los monumentos mencionados y la música típica les van a facilitar la tarea.

Repita la audición para que puedan completar el ejercicio teniendo en cuenta el orden en el que aparecen las ciudades. Pídales que escriban el número en el cuadradito que está en la parte superior izquierda de cada foto. A continuación, se comparan los resultados en el pleno mencionando el número y la ciudad correspondiente en voz alta. Si lo considera oportuno puede aclarar qué monumentos se ven en las imágenes.

Solución: Berlín, Madrid, Viena, La Habana, París, Buenos Aires.

ⓘ Información:

Madrid, Plaza Mayor: La Plaza Mayor es una de las plazas más bonitas de Madrid. Fue construida por los arquitectos Juan Gómez de Mora y Juan de Villanueva entre los siglos XVII y XVIII. La plaza está enmarcada por pequeños soportales con pequeños y pintorescos comercios, bares y cafés. En el centro está la estatua de Felipe III.

La Habana: La capital cubana es, sin dudas, el destino turístico más importante de la mayor de las Antillas. Tiene un casco histórico con casi mil edificios coloniales. En 1981 fue declarada Patrimonio de la Humanidad.

Buenos Aires, Plaza del Congreso: Esta plaza, situada en el corazón de Buenos Aires, fue creada con motivo del Centenario de la Revolución de Mayo, en 1910. El edificio del Congreso, obra del arquitecto italiano Víctor Meano, fue inaugurado en 1906.

7 Ciudades preferidas

a) ¿Qué ciudad le gusta?
Objetivo:. Introducir el recurso *me gusta* o *no me gusta* con nombre propio.
Procedimiento: A partir de las fotos del ejercicio anterior, introduzca las expresiones *Me gusta + nombre de la ciudad* o *No me gusta + nombre de la ciudad* dando un ejemplo. Proponga una cadena de frases. Un alumno dice una ciudad que le gusta y otra que no explicando también por qué . El siguiente continúa la cadena con otros ejemplos.

b) En parejas. ¿Qué otras cosas le gustan?
Objetivo: Práctica oral: *te / le gusta / me gusta.*
Procedimiento: Pregunte a un alumno: *¿Te gusta la foto?* Haga que observen los ejemplos en el libro. Podrán deducir que *me gusta* se utiliza con sustantivos en singular o con el verbo en infinitivo; *me gustan*, en cambio, con sustantivos en plural. Explíqueles también que el artículo es obligatorio (al contrario que en alemán). A continuación, pídales que, con la ayuda de los recursos del cuadro azul, se pregunten en parejas por sus gustos y preferencias utilizando el vocabulario dado en el ejercicio. Aclare las dudas de vocabulario.

c) Una cadena. ¿Qué le gusta o no le gusta de su ciudad? ¿Por qué?
Objetivo: Práctica oral personalizada.
Procedimiento: Deje un poco de tiempo para que cada alumno piense en un aspecto positivo o negativo de su ciudad. Después anímeles a que en cadena digan qué les gusta y qué no les gusta de su ciudad.

8 Escuche una canción de Manu Chao. ¿Qué le gusta? 🔊 1;48

Objetivo: Comprensión auditiva selectiva.
Procedimiento: Explique a los alumnos que van a escuchar una canción de Manu Chao. Ponga la audición (CD 1, track 48) y pídales que escuchen con mucha atención y que marquen qué le gusta a Manu. Recuérdeles que sólo se trata de escuchar los gustos de Manu Chao y de ninguna manera de comprender el texto completo de la canción. En parejas, se comprueban los resultados y finalmente se puede hacer una puesta en común.

ⓘ Información:

Manu Chao nació en París, en 1961, hijo de un gallego que emigró a Francia a causa de la dictadura franquista. En 1987 funda con su primo Santiago Casariego un grupo que se llamó "Mano Negra". En 1992 se fueron de gira por América del Sur. Un año más tarde, el grupo cambia de nombre, optando por llamarse "Radio Bemba" pero no obtienen buenos resultados y desaparecen definitivamente. En 1998 reaparece Manu Chao en solitario y publica el álbum *Clandestino*. Vende más de un millón de ejemplares. Es uno de los representantes más conocidos del rock latino. En su música recoge fragmentos de sonidos africanos y latinoamericanos. Su último trabajo hasta la fecha ha sido *"Próxima estación: Esperanza."* Las letras de sus canciones contienen mensajes políticos muy actuales.

B. ¿El Hotel Colón, por favor?

Objetivos:
- Localizar algo
- Orientarse en un lugar: preguntar por el camino, dar instrucciones para llegar a un lugar
- Llamar la atención de alguien

Recursos:
Oiga, perdone ■ *¿Sabe usted dónde hay (está/n)…?* ■ *Perdón, para ir a…*

Gramática:
- El uso de *hay / está(n)*
- El presente de indicativo del verbo *estar*
- Algunas preposiciones y adverbios de lugar
- El uso de *tener que* + infinitivo
- La contracción *del*
- Los números a partir de 100

1 Cuatro diálogos en la calle

a) Escuche. ¿Qué buscan las personas?
🎧 1; 49 – 52
Objetivo: Comprensión auditiva selectiva.
Procedimiento: Pida a sus alumnos que cierren el libro. Explíqueles que van a escuchar cuatro diálogos en los que cuatro personas buscan un lugar en una ciudad. Ponga la audición (CD 1, track 49 – 52) y después pregunte a sus alumnos qué buscan las personas. Escriba el nombre de los establecimientos buscados en la pizarra. Para comprobar, repita la audición.

b) Lea los diálogos y marque la ruta en los planos.
Objetivo: Introducir recursos para preguntar por el camino.
Procedimiento: Pida a los alumnos que lean los diálogos, miren los dibujos y marquen la ruta en los planos. Los establecimientos que ya conocen del bloque anterior son una ayuda para deducir el significado de las preposiciones de lugar. Para comprobar los resultados, usted puede dibujar los caminos en la pizarra o ayudarse con una transparencia.

c) Marque en el texto las expresiones para llamar la atención de una persona.
Objetivo: Introducir recursos para llamar la atención de alguien.
Procedimiento: Proponga a sus alumnos que vuelvan a leer los diálogos y pídales que marquen las expresiones que se utilizan para llamar la atención de

desconocidos en la calle. Después, pídales que lean las frases en voz alta.

2 ¿Dónde está Olivia?

Objetivo: Sistematizar las preposiciones y adverbios de lugar.
Procedimiento: Pida a sus alumnos que vuelvan a leer los diálogos anteriores y que observen con mucha atención los planos. Esta actividad les ayudará a deducir el significado de las preposiciones.
A continuación, sugiérales escribirlas debajo del dibujo correspondiente. Se comprueban los resultados en el pleno. Los alumnos dicen en voz alta dónde está Olivia en cada viñeta. Usted pregunta: *En el dibujo número 1, ¿dónde está Olivia?*
Explíqueles que hay que poner la preposición *de* después de la preposición cuando a esta le sigue un sustantivo, excepto con *entre y en.* Si el sustantivo es masculino singular, preposición y artículo se contraen en la forma *del.*

Solución:
1. a la derecha (de)   6. lejos (de)
2. a la izquierda (de)   7. al lado (de)

3 Preposiciones de lugar

a) ¿Dónde están…?
Objetivo: Practicar las preposiciones de lugar. Introducir el verbo *estar.*
Procedimiento: Pida a los alumnos que observen los dibujos y que digan dónde están los animales. Por ejemplo, usted pregunta a un alumno: *¿Dónde está el elefante?* y este contesta. También puede proponer una cadena o un ejercicio para preguntarse en parejas.
Solución: El elefante está entre el teatro y la catedral.
El papagayo está en la cabina telefónica.
La boa está en el teatro/en la ópera.
El cocodrilo está a la derecha de la cabina de teléfonos / delante de la farmacia / entre la cabina de teléfonos y la farmacia / enfrente de la farmacia.
El gorila está enfrente del instituto.
El cóndor está en la estación.
La jirafa está detrás del estadio.

b) Complete el cuadro con las formas de 'estar'.
Objetivo: Sistematizar el verbo *estar.*
Procedimiento: Pida a los alumnos que completen el paradigma de *estar.* Explique que *estar* sirve para situar una cosa o una persona en el espacio. Recuérdeles que ya conocen este verbo (de la unidad 2) pero que lo han utilizado para preguntar a una persona dónde y cómo está.

4 'Estar' y 'hay'.

a) Complete los cuadros.
Objetivo: Deducir el uso de *estar* y *hay*.
Procedimiento: Remita a los alumnos otra vez a los diálogos de la página 36 y pídales que completen los cuadros con la forma del verbo correspondiente. Después podrán deducir la regla.

b) En parejas. ¿Qué edificios faltan en su plano?
Objetivo: Práctica interactiva para fijar el uso de *hay / está*, las preposiciones y el vocabulario de lugares públicos.
Procedimiento: Anime a sus alumnos a trabajar de dos en dos. Cada uno tiene un plano de la misma ciudad en el que faltan algunos edificios que sí están en el plano del compañero. A mira el plano y responde a B. Mencionar que el plano B está en la pág. 119.
De este modo vuelven a fijar el uso de *hay* y *está*.

Y además: Haga dos copias de la página para fotocopiar número 3 de manera que dos tarjetas tengan el mismo dibujo. Recorte las tarjetas (una por alumno) y distribúyalas. Los alumnos tienen que identificar a la persona que tiene el mismo dibujo haciendo preguntas.
Antes de empezar, conviene repasar el vocabulario (y explicar las palabras *avión* y *bicicleta* que son nuevas) y la estructura de las preguntas.
Primero, se practica *hay*, para encontrar objetos idénticos. En caso positivo, se sigue con *está* y las preposiciones de lugar para identificar la posición de los objetos. Por ejemplo:
◆ *¿Hay un coche?*
◆ *Sí. ¿Hay una fábrica?*
◆ *Sí. ¿Hay una bicicleta?*
◆ *Sí. ¿La bicicleta está a la derecha de la fábrica?*
◆ *No.*
Entonces hay que seguir preguntando a otro compañero.

5 Toledo

a) Lea la guía de Toledo. ¿Puede identificar los edificios?
Objetivo: Comprensión lectora detallada. Describir un camino.
Para empezar: Lleve a clase un mapa de España y muéstreles dónde está Toledo o utilice el mapa de la contraportada.
Procedimiento: Lea en voz alta el texto de una guía turística que describe un recorrido por el antiguo barrio judío de Toledo con los monumentos más interesantes. Los alumnos siguen la lectura. Después propóngales leer el texto otra vez en silencio y concentrarse en los detalles. Así deducen el

significado de expresiones como *tomar la calle de…*, *seguir todo recto, girar a*, etc. y trazan el recorrido en el plano identificando los monumentos que aparecen en las fotos. Después pídales que comparen los resultados mencionándolos en voz alta.

ⓘ Información:
Toledo: A orillas del río Tajo, Toledo está considerada como una de las ciudades más pintorescas del mundo. De la época romana se conservan el Circo, las Cuevas de Hércules y el Puente de Alcántara. Del período musulmán, la Mezquita del Cristo de la Luz y la de Tornerías. El sello mudéjar es visible en el Palacio de Fuensalida y en las torres de varias iglesias (Santo Tomé, Santa Leocadia, etc.).
Restos judíos han quedado en todo un barrio conocido como La Judería cuyos edificios más representativos son las sinagogas de Santa María la Blanca, del siglo XIII, y la del Tránsito, levantada por Samuel Leví, del siglo XIV, hoy sede del Museo Sefardí. El arte cristiano dejó sus huellas en obras como San Juan de los Reyes, con su bello claustro. La catedral es una de las obras cumbre del gótico español.
El renacimiento en Toledo cuenta con obras como el Hospital de Santa Cruz, actualmente el Museo de Santa Cruz, donde pueden contemplarse obras de El Greco.
El Greco (Doménikos Theotokópoulos): Pintor español nacido en Creta (Grecia) en 1541 y muerto en Toledo en 1614. Vivió cierto tiempo en Italia antes de asentarse en España. En su pintura expresa el espíritu religioso (místico) de Castilla. Su obra principal es *El Entierro del Conde de Orgaz,* de estilo manierista (cuerpos alargados y expresivos, carácter místico, atrevidas manchas de color).

6 En parejas. ¿Para ir a…?

Objetivo: Práctica oral: recursos para indicar el camino.
Procedimiento: Pida a sus alumnos que observen los planos y los pictogramas. En parejas, un alumno elige un plano y pregunta por un lugar determinado a su compañero. Este le indica el camino y luego a la inversa. Dígales que utilicen como ayuda el cuadro azul de la página 38.

7 Los numerales.

a) Complete los números.
Objetivo: Introducir y practicar los números a partir de 100.
Procedimiento: Invite a los alumnos a leer los números en voz alta y a completar por analogía los que faltan. Hágales observar que el número 100 se lee *cien* y es invariable para los dos géneros: *cien*

hombres – *cien* mujeres. Cuando va acompañado de unidades o decenas se convierte en *ciento*.

b) Un dictado de números.
Objetivo: Practicar los números.
Procedimiento: Los alumnos trabajan de dos en dos. Cada uno escribe cinco números en un papel y se los dicta a su compañero. Este los escribe. Luego, al revés. Al final, se corrigen mutuamente.

Y además: Remita a los alumnos a la página 17 de *Caminos,* al póster de los países de habla española. Lea primero usted, en voz alta, el número de habitantes de un país y los alumnos tienen que decir de qué país se trata. Por ejemplo:
Profesor: *Hay 3.200.000 habitantes.*
Alumno: *Uruguay.*
Luego un alumno dice el número de habitantes de un país y el que menciona primero el nombre del país es el próximo en preguntar.

8 Toledo en cifras.

a) Escuche y marque la cifra correcta. 1;53
Objetivo: Comprensión auditiva selectiva.
Procedimiento: Ponga la audición (CD 1, track 53) y pida a los alumnos que marquen la respuesta correspondiente. Repita la audición para que los alumnos comprueben los resultados y seguidamente haga una puesta en común.
Solución: 71 km; 67.000; 1561; 925

b) En parejas. Pregunte por las distancias.
Objetivo: Práctica oral interactiva.
Procedimiento: Pida a los alumnos que trabajen en parejas. Primero, el alumno A quiere saber de B las distancias que faltan por completar en el mapa. B mira en la pág. 119 e informa a A. Luego le toca a B y así sucesivamente.

C. ¿Adónde va?

Objetivos:
- Interpretar un plano de metro de una ciudad hispana
- Saber orientarse en una ciudad utilizando los transportes públicos

Recursos:
Voy en avión / en tren / a pie… a España / a la… / al… Para ir a… ¿por favor? ■ *Tienes que tomar la línea… en dirección a / cambiar en … a la línea / bajar en… / tomar el autobús.*

Gramática:
- El presente de indicativo del verbo *ir*
- La preposición *a* como indicador de dirección: la contracción *al*
- La preposición *en* + medios de transporte

1 En el metro

a) El metro de Caracas.
Objetivo: Deducir palabras por contexto.
Procedimiento: Lea usted las frases en voz alta y dígales que traten de deducir el significado de las palabras dadas, buscando la información en las frases y en el plano del metro. Su propio conocimiento del mundo les ayudará también a solucionar la tarea. Explíqueles también que que las informaciones no son del todo correctas y que en el punto b) se aclararán si son correctas o falsas. Haga una puesta en común en el pleno y si es necesario aclare las dudas de vocabulario.

b) ¿Correcto o falso?
Objetivo: Comprensión lectora detallada. Buscar información en material auténtico.
Procedimiento: Pídales que vuelvan a leer las frases y, con ayuda del mapa del metro, marquen si las informaciones son correctas o falsas. Compruebe los resultados en el pleno.
Solución: Frases correctas: 2, 3, 5, 6.

c) Complete.
Objetivo: Introducir el verbo *ir,* la preposición *en* + medios de transporte y la contracción *al.*
Procedimiento: Anime a los alumnos a que completen el paradigma del verbo *ir* que pueden deducir por analogía con los verbos que conocen. Después escriba en la pizarra:

ir	a + el	a + la	a
voy	**al** museo Bolívar	a la catedral	a España

Los alumnos observan que cuando la preposición *a* precede al artículo *el* se contrae en *al*. Ya conocen *del* de la página 36. Los alumnos pueden dar algunos ejemplos más. Usted escribe algunas palabras en la pizarra, por ejemplo, *museo, teatro, playa,* etc. y ellos formulan frases utilizando: *Vamos a…*

Por último, hágales ver que la preposición *en* se utiliza con medios de transporte pero que hay una excepción. Se dice *en* metro, *en* coche, pero *a* pie. Recuérdeles que la preposición *a* se usa para expresar dirección: Voy *a* España, *a* Madrid, *a* Francia. Hágales notar que a la pregunta *¿dónde?* se responde siempre con la preposición *en* (Vivo *en* España. Está *en* la plaza., etc.) mientras que a la pregunta *¿Adónde?* se responde siempre con *a*.

■2 Una cadena. Y usted, ¿cómo va…?

Objetivo: Practicar el verbo *ir* y los medios de transporte en un contexto personalizado.
Procedimiento: Para practicar la estructura *ir + a* proponga a los alumnos una cadena. Comience usted preguntando: *¿Cómo va usted al trabajo?* Un alumno responde y luego pregunta a su vez al siguiente.

■3 Escuche y complete los diálogos de estos turistas en Caracas. 🎧 1; 54–57

Objetivo: Comprensión auditiva. Introducir los recursos para orientarse en una ciudad utilizando transportes públicos.
Procedimiento: Diga a los alumnos que van a escuchar cuatro minidiálogos impresos. Pídales que primero escuchen la audición (CD 1, tracks 54–57) sin escribir nada. Después repítala y haga pausas entre un diálogo y otro. Deje suficiente tiempo para que los alumnos completen las frases. Por último, pídales que lean los diálogos de a dos en voz alta con el fin de comprobar en el pleno los resultados.
Solución: 1. terminal; 2. en dirección a; 3. bajar; 4. tiene que cambiar.

■4 En parejas. ¿Para ir a…?

Objetivo: Sistematizar y practicar los recursos para orientarse en una ciudad.
Para empezar: Pregunte quiénes utilizan transporte público para venir a la clase de español.
Procedimiento: Propóngales que trabajen en parejas con el plano de la página 40. Sugiérales primero que busquen en él la estación "El Valle".
Explíqueles luego que el pie de fotos da información del lugar o el monumento que se busca. Los números que están al lado de las fotos se refieren a las

líneas de metro y el rótulo rojo en las fotos indica la estación de metro correspondiente.
El alumno A pregunta cómo llegar a los lugares representados en las fotos y B da información con la ayuda del cuadro de recursos.

 **Al final En grupos, escriban una carta a Ricardo.**

Objetivo: Tarea final para aplicar los recursos aprendidos en la unidad.
Para empezar: Lea usted la carta en voz alta. Luego pida a algunos alumnos que la vuelvan a leer.
Procedimiento: Divida la clase en grupos de tres a cinco alumnos según del lugar del que procedan (barrios, ciudades, calles, etc.) Pídales que respondan a la carta y que procuren utilizar todos los recursos que han visto en la unidad. Pasee por los grupos y ayúdeles. No es necesario corregir los errores si no dificultan la comprensión. Por último, cada grupo lee su carta en el pleno.

Y además:
Si dispone de un poco más de tiempo o las características del grupo lo permiten, puede ampliar esta tarea. Invite a sus alumnos a traer para la próxima clase material sobre su ciudad (planos, información sobre medios de transporte, fotos…) para acompañar la carta.
Lleve a clase material necesario para confeccionar pósters con todo lo que los alumnos hayan traído. Al final, pueden exponer los resultados en un tablero o en el lugar de la clase reservado para tal función. Puede resultar una exposición en la que los participantes se acerquen libremente a observar los resultados de los demás grupos, o bien cada grupo puede presentar información sobre su ciudad o sobre su lugar de residencia.

Revueltos

Los revueltos tienen la función de repaso de los contenidos aprendidos en un nuevo contexto y de reflexión sobre el propio proceso de aprendizaje con sus éxitos o las dificultades surgidas. Además ofrecen la posibilidad de hacer un balance provisional de los progresos alcanzados. Si el revuelto coincide con el fin de curso, será un bonito broche final, pero puede ser muy motivador al empezar el curso o semestre puesto que le dará a usted la posibilidad de hacerse una idea general sobre los conocimientos del grupo y descubrir los déficit que surjan para brindarle a todo el curso una buena posición de partida.

Los tres revueltos tienen la misma estructura y, en cuatro páginas, persiguen los siguientes objetivos:

Página 1:
Juego para repasar los recursos comunicativos aprendidos en las lecciones anteriores.

En cada casilla se le pide a los alumnos que reaccionen a determinadas situaciones y activen los conocimientos adquiridos en un contexto completamente nuevo.

A diferencia de otros manuales, las actividades no se presentan a propósito en un tablero de juego tradicional. Por una parte, se pretende que los alumnos vean la aplicación concreta en países , ciudades o regiones de habla hispana en los que se pueden encontrar como turistas. Además, podrán adquirir al mismo tiempo que juegan, informaciones geográficas y culturales de estos países. Si los alumnos muestran interés y si tiene usted suficiente tiempo, puede ofrecerles más información sobre los lugares mencionados. Encontrará más información en la guía didáctica y en la página web de *Caminos*.

Página 2:
Estrategias de aprendizajes y "pequeños trucos" para aprender.

Esta página le brindará al alumno la posibilidad de reflexionar sobre el propio aprendizaje, intercambiar ideas con sus compañeros y llegado el caso emprender nuevos caminos. Aunque está página está

en la lengua materna de los alumnos y puede darse como deber para casa, es recomendable tratarla en el grupo, ya que justamente al comparar e intercambiar los aprendientes con mayores dificultades perderán el temor a fracasar y recibirán sugerencias de cómo aprender de modo más eficaz.

En estas páginas el proceso de aprendizaje se convierte en objeto de la clase y se practica realmente el aprendizaje autónomo. De forma consciente, no se da una lista de estrategias de aprendizaje, sino que estas van unidas a pequeños experimentos prácticos y actividades para que el alumno las pueda descubrir por sí mismo y se anime a intercambiar sus propias experiencias con los demás.

Página 3:
Textos de lectura con información cultural del país

Leer en una lengua extranjera, no para tratar temas gramaticales o resolver tareas sino por el puro placer de leer, puede ser un factor de motivación muy grande. Esta posibilidad se le ofrece al alumno en la página 3 de cada *revuelto*. Al mismo tiempo en la Unidad 4 antes del primer texto de lectura se invita a los aprendientes a reflexionar sobre qué significa leer en una lengua extranjera y cuáles son las estrategias de lectura más eficaces en cada caso.

Página 4:
Autoevaluación de acuerdo al Marco Común Europeo de Referencia.

La última página contiene una lista de las competencias que el alumno ha podido adquirir en las unidades anteriores. Acorde a las exigencias del Marco Común Europeo de Referencia, los alumnos deberán valorar ellos mismos sus propios conocimientos adquiridos. Al mismo tiempo, se les ofrece la oportunidad de demostrar que tienen las competencias marcadas a través de la formulación concreta de lo que "sabe hacer" (can-do-statements).

Revuelto

1 Una vuelta por Argentina.

Objetivos: Repasar los contenidos funcionales de las lecciones anteriores. Fomentar espíritu de grupo. Conocer algunos aspectos geográficos y culturales del país.

Procedimiento: Divida la clase en grupos de tres o cuatro personas. Pídales que lean las reglas del juego en su lengua materna en la página 250.

Cada grupo necesita un dado (o una moneda) y cada jugador un peón (por ejemplo, otra moneda). Los jugadores colocan sus peones en el número 1 (Buenos Aires). Juegan por turnos en el sentido de las agujas del reloj y mueven sus peones según los puntos obtenidos. Si juegan con una moneda, "cara" significa que pueden avanzar una casilla y "cruz", tres casillas. Cada jugador lee la actividad propuesta e intenta buscar la solución en español. A veces pueden usar un recurso tal y como lo han visto en una de las unidades anteriores, otras veces gozarán de mayor libertad para expresarse. Los compañeros deciden: Si la tarea ha sido bien resuelta, el jugador puede quedarse en la casilla. De lo contrario, debe retroceder al lugar en el que se encontraba anteriormente.

Para llegar a la última casilla, hay que obtener el número exacto (por ejemplo, desde la 12, un tres si se juega con el dado, o cruz si se juega con una moneda). Una vez aquí, gana el jugador que pueda resolver la pregunta.

Según el interés de los alumnos, una vez finalizado el juego puede dar algunas informaciones sobre los lugares mencionados.

ℹ Información:

1. Buenos Aires: La capital de Argentina, situada a orillas del Río de la Plata, tiene cerca de 15.000.000 de habitantes. La ciudad tiene gran influencia europea y una de las curiosidades de Buenos Aires son sus 46 barrios con vida propia.
El Aeropuerto Internacional de Ezeiza " Ministro Pistarini" se encuentra a unos 35 km del centro. A la salida del aeropuerto se puede contar con los servicios de ómnibus, taxis o *remise*. Los *remises*, son una especie de taxi en los cuales las tarifas han sido previamente establecidas.

2. Las cataratas del Iguazú (palabra de origen guaraní: i = agua, guazú = grande): Fueron declaradas Patrimonio Natural de la Humanidad por la UNESCO. Están ubicadas en el río Iguazú en la provincia de Misiones y forman el límite con Brasil. Las aguas del río Iguazú caen desde ochenta metros de altura formando unos treinta saltos que tienen un ancho total de casi tres kilómetros y se pueden visitar desde muy cerca, recorriendo una pasarela situada a pocos metros de distancia.

3. Corrientes: La provincia de Corrientes, en el nordeste de la República Argentina, tiene un clima cálido y lluvioso. En el norte de la provincia el suelo es arcilloso y , por lo tanto, impermeable. El agua de las lluvias no puede filtrarse y forma *esteros* y *bañados* típicos del paisaje correntino. En los *esteros* las plantas acuáticas forman islas flotantes donde viven garzas, flamencos, boas, etc. En las zonas más profundas se forman lagunas.
Las orillas de los ríos que rodean la provincia (Uruguay y Paraná) son visitadas por muchos turistas.
El mate es una infusión de "yerba mate" que se toma en Argentina, Paraguay y Uruguay. Se prepara en una pequeña calabaza (llamada mate) se bebe con una "bombilla", un tubito de plata o acero inoxidable. En Misiones y norte de Corrientes se toma frío con hierbas aromáticas y se conoce entonces como "tereré".

4. Jujuy: La provincia de Jujuy se encuentra al noroeste de Argentina y limita con Chile y Bolivia. Desde la capital (San Salvador de Jujuy) se puede recorrer paisajes de ensueño. La flora y fauna es muy rica. Predominan las cactáceas, de las que el cardón es el rey, que alcanza gran altura en la región. Entre los animales destacan las llamas, las alpacas, los guanacos, las vicuñas y los cóndores.

5. San Miguel de Tucumán: Capital de la provincia Tucumán, la más pequeña de las 23 que forman la República Argentina, es llamada también el "Jardín de la República".

La Plaza Independencia es el centro cívico y social de la ciudad. Alrededor de la plaza se encuentran algunos de los edificios más importantes como la Casa de Gobierno, la Catedral, la Casa Nogués (actual sede de la Secretaría de Turismo). A poco más de 100 metros se encuentra la Casa Histórica o "Casita de Tucumán" donde se declaró la Independencia de las Provincias Unidas del Río de la Plata sobre la corona española el 9 de Julio de 1816.

6. La Rioja: Las bellezas naturales de esta provincia, la variedad de sus cerros, valles y montañas así como los vinos, bodegas y viñedos, que gozan de fama internacional, atraen todos los años a gran cantidad de turistas.

La Rioja es también la cuna del olivo. El 24 de Mayo, se festeja el Día del Olivo en la localidad de Arauco, donde se conserva un olivo de más de 400 años.

En el centro sur de la provincia de La Rioja se encuentra la reserva de Talampaya. Este parque fue creado para resguardar importantes yacimientos arqueológicos y paleontológicos, en un imponente marco paisajístico de gran belleza, junto a la flora y la fauna características del monte.

Talampaya es uno de los grandes escenarios naturales de la Argentina y tiene su continuidad geológica y geográfica en el área del Valle de la Luna, en la provincia de San Juan.

Valle de la Luna: Es un área protegida para la preservación y estudio de extrañas formaciones geológicas, fauna, flora y fósiles. Se llama así por su aparente similitud con un paisaje lunar.

7. Córdoba: Capital de la provincia de su nombre. Es, después de Buenos Aires, la ciudad más importante del país. Fundada en 1576, conserva aún muchas huellas de la época colonial. En Córdoba se encuentra la primera universidad del país, fundada por los jesuitas en 1613. De ahí el nombre "Córdoba La Docta".

Carlos Gardel: El cantante más famoso de tangos nació en 1890 y murió en 1935 en un accidente aéreo en Medellín, Colombia. La muerte le llegó en la cúspide del éxito. El 11 de Diciembre, día de su nacimiento, se festeja el día Nacional del Tango.

8. Mendoza: Ciudad al pie de los Andes, es la capital de la provincia que lleva el mismo nombre. El pico más alto es el Aconcagua (6959 m), cerca de la ciudad de Mendoza, que es la cima más alta de América. Es una de las ciudades más modernas del país, sede central de la Universidad de Cuyo (es decir, Mendoza, San Juan y San Luis). Junto con la provincia de San Juan, concentra la mayor parte de los viñedos del país por eso se dice que Mendoza es la "Tierra del Sol y del Buen Vino".

9. La Pampa: La Provincia de La Pampa es uno de los estados más jóvenes de la República Argentina, ya que accedió al reconocimiento político en 1952. En el sur, el río Colorado la separa de la Patagonia. El paisaje natural de la pampa ha sido transformado por el hombre ya que en la pampa primitiva no había árboles. Hay zonas de cultivos intensos (trigo, soja, maíz, girasol, cebada, etc.) y zonas donde se crían los animales de raza que se destinan a mejorar la calidad del ganado. La Pampa tiene una situación geográfica privilegiada ya que está muy bien comunicada con el resto del país.

Gaucho: El gaucho es el habitante de la pampa. Antiguamente se dedicaba a la ganadería o a la vida errante. Aunque la palabra *gaucho* se utilizó en todo el Río de la Plata – e incluso en Brasil – no existe absoluta certeza sobre el origen de la palabra. Es probable que el vocablo quichua *huachu* (huérfano, vagabundo) haya sido transformado por los colonizadores españoles para llamar gauchos a los vagabundos.

10. San Carlos de Bariloche: Ciudad a orillas del lago Nahuel Huapi en la provincia de Río Negro, fundada en 1902. Se distingue por sus características arquitectónicas y por estar ubicada en una región privilegiada por su belleza paisajística, constituida por cerros, bosques, lagos, glaciares y exuberante flora. Es uno de los centros argentinos mas importantes para la práctica de esquí en el Cerro Catedral. La Fiesta Nacional de la Nieve constituye un verdadero acontecimiento internacional, deportivo, artístico y social. Los chocolates regionales son el souvenir más apreciado para todos los turistas

11. Calafate: Es un importante centro turístico que ha adquirido trascendencia tanto nacional como internacional, ya que desde este punto se inician todos los circuitos glaciares.

El **Parque Nacional Los Glaciares** cubre una superficie aproximada de 600.000 hectáreas.

Tierra del Fuego: La provincia de Tierra del Fuego es una isla grande desprendida del continente americano. Esta sola característica la convierte en un imán para miles de turistas argentinos y, sobre todo extranjeros que disfrutan de los lagos, bosques, ríos, un parque nacional y las costas marítimas.

12. Ushuaia: Situada en la Provincia de Tierra del Fuego, Ushuaia (43.500 habitantes) es la ciudad más austral del mundo. Se encuentra a 3.171 km. de Buenos Aires.

Desde Ushuaia parten cruceros hacia la Antártida y se hacen excursiones en catamarán por el Canal de Beagle donde se avistan lobos marinos, pingüinos de Magallanes y otras aves marinas.

Su Museo del Fin del Mundo está dedicado a los indígenas, la naturaleza, la historia local y los naufragios acaecidos en la zona. Su Parque Nacional conserva especies de bosques subantárticos. Allí viven zorros colorados, guanacos, castores, cóndores y patos.

13. Península de Valdés: Es una parte de la Patagonia que se proyecta en el mar. Está unida a la tierra firme por un istmo de unos pocos kilómetros de ancho. Sobre las costas existen colonias de lobos marinos (Punta Norte, Punta Pirámide) y elefantes marinos (Punta Norte, Caleta Valdés, Punta Delgada).

14. Mar del Plata: La "Perla del Atlántico". Además de ser el centro turístico más visitado del país por sus playas, es el principal puerto pesquero de Argentina.

Carnaval de Gualeguaychú: Es el evento más importante de la provincia de Entre Ríos y está considerado como uno de los tres principales carnavales del mundo.

Aprender vocabulario

2 Palabras y más palabras.

Objetivos: Reflexionar sobre cómo aprender vocabulario.

Procedimiento: Por medio de este ejercicio, usted puede brindar algunas ayudas para incrementar la retención del vocabulario aprendido en las primeras tres lecciones. Prepare una transparencia con las palabras del cuadro amarillo. Pida a los alumnos que miren las palabras durante un minuto y retire la transparencia. Hágales que repitan la tabla del 12 para sí, cuénteles una historia o propóngales otra actividad en la que se tengan que concentrar mucho (el objetivo es distraer su atención).

Después anímeles a que escriban en un papel las palabras que recuerdan. Pida a algunos voluntarios que lean su lista. Es muy importante que sea un acto voluntario y que no se ponga a nadie en una situación desagradable. Pregunte quién anotó 6 ó 7 palabras y alabe a los que levanten la mano pues han alcanzado el nivel normal de rendimiento de nuestro cerebro.

Proponga a aquellos que hayan retenido más de 7 palabras que cuenten a los demás, en su lengua materna, cómo lo han logrado (generalmente han agrupado las palabras, han inventado una historia o se las han imaginado de forma gráfica).

Se darán cuenta de que hay muchas maneras de retener vocabulario y que cada persona tiene una forma diferente de aprender.

La memoria a largo plazo es como la base de datos de un ordenador. Para que una palabra pase a formar parte de nuestra memoria a largo plazo es necesario procesarla y mantenerla antes en la memoria a corto plazo. La capacidad y duración de esta es, sin embargo, muy limitada.

Por eso nos va a ser muy difícil almacenar una lista de más de 7 palabras sueltas. Si, en cambio, se organizan las palabras por grupos temáticos (según el contenido, el sonido u otro criterio), se reduce la cantidad de elementos y cada uno provoca la asociación con otras.

3 Aprender y recordar.

a) Mapas asociativos.
Objetivos: Aprender a generar y organizar vocabulario. Familiarizarse con la técnica de los mapas asociativos

Procedimiento: Para que los alumnos comprendan lo que se pretende con este ejercicio, comience dibujando un mapa mental. En el centro de un círculo escriba una palabra clave, por ejemplo, *España*. Pida a los alumnos que busquen palabras que asocien con este país y vaya escribiéndolas en la pizarra y agrupándolas, por ejemplo, nombres geográficos, comida y bebidas, etc. Coménteles que los mapas mentales son un excelente recurso de aprendizaje. Cualquier palabra e idea tiene numerosas conexiones con otras palabras e ideas. A continuación, sugiérales mirar el mapa asociativo de la página 44 y dígales que lo completen. Haga luego una puesta en común en el pleno.

b) Clasificar palabras.
Objetivos: Mejorar y potenciar la capacidad de aprender y recordar vocabulario.

Procedimiento: Anime a los alumnos a que vuelvan a leer las palabras del cuadro amarillo y que hagan una lista y las agrupen siguiendo sus propios criterios. Pida a algunos alumnos que lean su lista en voz alta. En el pleno se reflexionará sobre las diferentes maneras de agruparlas. En este caso, p.ej. lugares públicos (hotel, discoteca, empresa museo), cultura (festival, museo, pintor, música), sonido (autopista, taxista, dentista, turista), etc.

Recuérdeles que hay muchas formas y que lo importante es elegir la que ellos consideren mejor individualmente.

c) Vocabulario personal.
Objetivos: Decidir individualmente qué vocabulario es importante. Fomentar la autonomía.

Procedimiento: Recuérdeles que para que el aprendizaje sea más productivo y placentero deberían memorizar sólo lo que quieran recordar verdaderamente. Nos acordamos básicamente de lo que nos interesa. *Caminos* ofrece una amplia oferta de posibilidades pero cada uno debe seleccionar lo que crea conveniente aprender. Invíteles a que escriban en una lista diez palabras de las lecciones anteriores que ellos consideren muy importantes y después pídales que le lean sus palabras al compañero.

Leer en español

4 Tipos de lectura.

Objetivos: Reflexionar sobre diferentes estrategias de lectura.
Procedimiento: Pregunte a sus alumnos en su lengua materna qué tipo de textos leen a diario (titulares y artículos de periódicos, lista de precios, instrucciones de uso, publicidades, programas de cine, etc.). Hágales reflexionar sobre el tipo de lectura que realizan teniendo en cuenta con qué finalidad leen. Si quieren obtener una información específica, por ejemplo, a qué hora empieza una determinada película, no necesitan leer todo el programa del cine sino que saltarán partes del mismo hasta encontrar la información que buscan (lectura selectiva). Si leen una receta de cocina, necesitarán entender todos los pasos (lectura detallada). Si quieren enterarse del contenido global de un texto, harán una lectura rápida. Remita a los alumnos a los textos de las páginas 17, 38, 67 y 77 y hágales notar de qué tipos de textos se trata, con qué objetivo lo leen y qué tipo de lectura se recomienda en cada caso.
Solución: Página 17: informarse de acuerdo al interés con mayor y menor profundidad (lectura global); página 38: seguir un camino en el plano (lectura detallada); página 67: buscar un título adecuado (lectura global); página 77: buscar la información de acuerdo al interés (lectura selectiva).

5 Lenguas de España y Latinoamérica.

a) El tema del texto.
Objetivos: Hacer hipótesis sobre el contenido del texto.
Procedimiento: Escriba en la pizarra las palabras *jaguar, gallego, puma, origen e indígena*. Pídales que las lean y que hagan hipótesis sobre el significado de las palabras dadas.
Seguro que van a entender las palabras *jaguar* y *puma* pero probablemente no entiendan el significado de *origen* e *indígena*. No las traduzca. Dígales que después de la lectura verán juntos si las han podido descubrir por el contexto.
A continuación, dígales que miren las fotos al pie del texto y formulen hipótesis sobre el contenido del mismo.

b) Lea ahora el texto.
Objetivos: Comprensión lectora global. Entender la importancia del contexto para deducir palabras desconocidas.
Procedimiento: Pida a los alumnos que lean el texto individualmente en silencio. Después, en parejas, buscan un título adecuado. Haga una puesta en común en el pleno y escriba los títulos mencionados en la pizarra. Por último, invite a algunos alumnos a leer el texto en voz alta.

c) Después de la lectura.
Objetivos: Aprender técnicas para una mejor comprensión lectora.
Procedimiento: Haga tomar conciencia a los alumnos sobre la posibilidad de entender la idea central de un texto sin conocer todas las palabras. Pregúnteles si han ratificado su hipótesis sobre el tema del texto y si saben ahora qué significan las palabras *gallego* (del contexto podrán deducir que se trata de una lengua aunque no la sepan traducir), *origen* e *indígena*. Dígales que seguramente han podido deducir el significado de muchas palabras por los conocimientos previos que tenían sobre el tema. Pídales que lean nuevamente los tres puntos que se refieren a la comprensión lectora en el ejercicio 4 y que digan en el pleno de qué tipo de lectura se trataba en este texto (lectura global). Por último, pídales que en grupos de cuatro o cinco alumnos resuman el texto en dos o tres frases. Invite a un alumno de cada grupo a leer sus resultados en voz alta.

Actuar y comunicar

6 Autoevaluación.

Objetivos: Tomar conciencia de los conocimientos adquiridos hasta el presente.
Procedimiento: Pida a los alumnos que marquen los ítems que crean dominar. Pregunte en el pleno cómo formularían lo que se pide en cada caso (en lo posible, varias variantes).
Otra alternativa sería preparar los ítems como deber en casa y comprobar los resultados en el pleno. Coménteles que el propósito de la autoevaluación es permitirles comprobar sus progresos y no evaluar rendimiento. Anímeles a hacer una puesta en común en el pleno y a desarrollar estrategias de colaboración.

Para el último cuadro no es necesario formular ninguna frase. Lo que pueden hacer es volver a aquellas páginas donde han demostrado sus conocimientos. Por ejemplo: Página 31, leer los letreros.

¡Que aproveche!

Página introductoria

Objetivo: Introducción del tema de la unidad: alimentos y comida.

Procedimiento: Pida a sus alumnos que observen el dibujo y que escriban el nombre de los puestos en el lugar correspondiente (casi todos los nombres son palabras de significado transparente). Después usted puede preparar una transparencia y preguntar a los alumnos, por ejemplo, *¿Cómo se llama la carnicería?* y señalarla para que los alumnos vayan comprobando los resultados.

Todavía no es conveniente preguntar por los productos que se pueden comprar en los puestos ya que los alumnos no tienen el vocabulario necesario para contestar.

A. ¿Algo más?

Objetivos:
- Comprar alimentos
- Preguntar por el precio
- Pesos y medidas

Recursos:
¿Tiene/n tomates / queso manchego / café… ■ *Quiero / Quería…* ■ *Deme…* ■ *¿Cómo lo (la, los, las) quiere?* ■ *Eso es todo.* ■ *¿Cuánto es? ¿Cuánto cuesta/n?* ■ *Un kilo / una lata / una botella de…*

Gramática:
- El presente de indicativo del verbo *querer* como modelo de los verbos irregulares con cambio vocálico *e-ie*
- El uso y omisión del artículo indeterminado en la expresión de la cantidad: *un kilo / medio litro*
- El uso de la preposición *de* en la expresión de la cantidad
- Los pronombres átonos de complemento directo

1 Ofertas de la semana

a) Ofertas de la semana en el supermercado.
Objetivo: Presentar vocabulario: alimentos, envases, medidas de capacidad y peso.
Procedimiento: Pida a los alumnos que observen la publicidad de las ofertas de la semana. Por las fotos y sus conocimientos del mundo, pueden deducir los significados. Los alumnos buscan y subrayan el nombre de los envases de los productos alimenticios (*una bolsa, un paquete, una botella, una lata*). Para comprobar si han entendido bien el vocabulario pregunte, por ejemplo: *¿Qué significa aceite? ¿Cómo se dice "Tüte" en español?*, etc.

b) Ordene los productos según el envase.
Objetivo: Fijar el vocabulario introducido en el apartado a).
Procedimiento: Anime a los alumnos a hacer una lista y clasificar los productos según el envase. Haga hincapié en el uso obligatorio de la preposición *de* para indicar el contenido de un envase: *una lata de...*
A continuación, pídales que observen el cuadro y comente que esta misma construcción se utiliza en sintagmas como *un kilo de, cien gramos de,* etc. Además, adviértales de la ausencia de artículo en la expresión *medio kilo, medio litro (de).*

c) ¿Qué productos tiene usted ahora en casa?
Objetivo: Práctica personalizada de vocabulario.
Procedimiento: Pregúnteles cuáles de los productos del apartado a) tienen en casa. Puede pedirles que individualmente hagan una lista por escrito. Anímeles a consultar el diccionario o a preguntarle a usted si quieren ampliar el vocabulario. Haga una puesta en común. Algunos alumnos leen la lista al resto de la clase. Corríjales si al decir las cantidades o el envase omiten la preposición.

ⓘ Información:
La magdalena es una especie de bollo pequeño hecho de una masa de bizcocho.

▌2▐ Las ofertas

a) Ofertas en el supermercado. 🔊 1;58
Objetivo: Comprensión auditiva selectiva.
Procedimiento: Antes de poner la audición diga a sus alumnos que van a escuchar las ofertas del supermercado. Déjeles tiempo para que se fijen en los productos sin precio, ponga el CD (CD 1, track 58) y y pídales que completen con las cifras mencionadas.

b) En parejas. ¿Cuánto cuesta/n...?
Objetivo: Preguntar por el precio de un producto.
Procedimiento: En parejas, los alumnos preguntan por los precios de la publicidad, con el objetivo de comprobar los resultados de lo escuchado anteriormente. El modelo les ayuda.
Pídales que presten especial atención a la concordancia de *cuesta/n* + nombre singular / nombre plural.

▌3▐ Diálogos en el mercado

a) Escuche tres diálogos. ¿Qué productos compran los clientes? 🔊 1;59–61
Objetivo: Comprensión selectiva.
Procedimiento: Explique a los alumnos que van a escuchar tres diálogos en el mercado y que en este

primer paso deben centrar su atención sólo en los productos que compran los clientes. Ponga la audición (CD 1, tracks 59–61) sin pausas. Si quieren, los alumnos pueden apuntar los productos. Por último, pida a los alumnos que mencionen los productos que han escuchado y escríbalos en la pizarra.

b) Complete ahora los diálogos... 🔊 1;59–61
Objetivo: Presentar los recursos para comprar alimentos.
Procedimiento: Ponga otra vez la audición. Pídales a los alumnos que primero se limiten sólo a escuchar sin escribir. A continuación, deje suficiente tiempo para que los alumnos reordenen los diálogos. Sabiendo que lo que falta es lo que dice el cliente, los alumnos ordenan y completan los diálogos. Los alumnos han de recurrir al contexto y a su conocimiento del mundo.

c) Escuche otra vez y compruebe. 🔊 1;59–61
Objetivo: Comprobar los resultados de la audición.
Procedimiento: Por último, ponga otra vez la audición para que los alumnos puedan comprobar los resultados.

ⓘ Información:
Queso manchego: Queso español de la región de La Mancha hecho de leche de oveja. Se consume fresco y seco o curado en aceite. Tiene denominación de origen (como p. ej. el jamón de Parma).

▌4▐ Pedir algo y preguntar por el precio.

a) Busque en los diálogos las expresiones para pedir algo.
Objetivo: Sistematización de los recursos para pedir algo. Presente de indicativo del verbo *querer.*
Procedimiento: Los alumnos buscan en los diálogos las expresiones para pedir algo y completan el cuadro. Puede aclararles que *tiene* se utiliza cuando no estamos seguros de la existencia de un producto. Explique que hay algunos verbos que cambian la vocal *e* en el diptongo *ie* en todas las personas que tienen la acentuación en la raíz, es decir, en las tres personas del singular y la tercera del plural. Además, presente *quería* y *deme* como fórmulas, sin ningún tipo de explicación gramatical.

b) Busque en los diálogos las expresiones...
Objetivo: Sistematización de los recursos para preguntar por el precio.
Procedimiento: Pida a los alumnos que busquen en los diálogos anteriores las expresiones para preguntar por el precio. Hágales notar que la pregunta *¿Cuánto cuesta?* sirve para solicitar información sobre el precio de un producto concreto mientras que

¿Cuánto es? se usa al pagar la cuenta y también en un bar, restaurante, etc.

5 De compras.

a) En parejas. Elijan un diálogo de...
Objetivo: Fijar los recursos para comprar.
Procedimiento: Remita a los alumnos a la página 49. Anímeles a elegir un diálogo y pídales que, en parejas, practiquen la lectura del mismo. Por último, propóngales leerlo (no es necesario memorizarlo) en voz alta en el pleno. En esta fase es importante que utilicen las frases dadas sin cambiar los productos ya que todavía no saben como cambian los pronombres.

b) Una cadena. Vamos de compras.
Objetivo: Práctica oral muy guiada de los recursos para pedir algo.
Procedimiento: Pida a dos alumnos que lean el modelo. Comience usted una cadena y los alumnos siguen añadiendo cada vez un producto más. Después de tres o cuatro alumnos comienza otra cadena.

6 Pronombres.

a) Complete el cuadro.
Objetivo: Sistematizar los pronombres de complemento directo.
Procedimiento: Anime a los alumnos a completar el cuadro, lo que les es posible por analogía con las formas del artículo determinado y por los ejemplos que han visto en los dialogos.

Ayúdeles a deducir la función de los pronombres. Explíqueles que los pronombres, igual que en su lengua materna, sirven para sustituir una palabra que ya se da por sabida. Cuando sabemos de qué se trata, no se repite el sustantivo. Por ejemplo: *¿Quieres el yogur? – No, no lo quiero.*
Hágales ver que en español los pronombres siempre se colocan delante del verbo conjugado. Además, haga notar a los alumnos que el género del pronombre concuerda con el del producto y no con el de la medida de cantidad.
*Deme un kilo de **tomates**.*
*¿Cómo **los** quiere?*

b) Complete con 'lo', 'la', 'los', 'las'.
Objetivo: Fijar los pronombres de complemento directo por medio de comprensión lectora.
Procedimiento: Dele a sus alumnos unos minutos para que individualmente completen los diálogos. A continuación, pídales que los lean en voz alta. Así se comparan los resultados.

7 Las compras para el fin de semana.

a) En parejas. Escriban una lista de compras para el fin de semana.
Objetivo: Repasar el vocabulario de productos y cantidades.
Procedimiento: Proponga a los alumnos que preparen de a dos una lista de compras con los productos ya conocidos. Si quiere, invíteles a ampliarla partiendo de sus gustos y necesidades y dígales que le pregunten a usted o busquen en el diccionario el vocabulario desconocido.

b) En parejas. ¿Quién compra qué?
Objetivo: Práctica interactiva oral: pronombres de complemento directo.
Procedimiento: Luego, en parejas, negocian quién compra qué mencionando producto por producto.

8 Pedido telefónico.

a) Escuche el diálogo y complete el pedido.
🔊 1;62
Objetivo: Comprensión auditiva selectiva.
Para empezar: Antes de escuchar la audición, diga a los alumnos que van a escuchar un pedido telefónico. Con esta información ya se pueden hacer una idea de lo que van a escuchar (productos y cantidades).
Procedimiento: Invite a los alumnos a leer la nota de pedido y asociar palabras que suelen ir juntas, por ejemplo: *vino – botella, barras – pan,* etc. Así tendrán una actitud más segura ante la comprensión auditiva. Después ponga la audición y pídales que completen la lista del pedido. Para resolver la tarea, sólo tienen que concentrarse en los alimentos y en las cantidades.

b) Comparen los resultados y...
Objetivo: Repasar el vocabulario de productos y cantidades.
Procedimiento: Finalmente, pida a algunos alumnos que lean la lista en voz alta y ponga especial atención en que no olviden la preposición *de* entre la cantidad y el producto. Repita la audición si fuera necesario.

9 Vamos al mercado.

Objetivo: Repasar los contenidos de este bloque por medio de un juego de roles.
Procedimiento: Elija a cuatro voluntarios para representar el papel de vendedores. Cada vendedor decide los cinco productos que vende y su precio, pero no los muestra a los demás. El resto, de acuer-

do a la lista de compras del ejercicio 7, trata de conseguir los productos deseados.

Cada vendedor elige una esquina del aula adonde se dirige con la lista de sus productos y precios. De esta forma los compradores deben caminar de una esquina a la otra y no escuchan lo que ofrecen los otros vendedores. Como los clientes no saben de antemano qué productos se venden en cada puesto, surgirán situaciones comunicativas reales en las que los compradores preguntan a los vendedores si tienen lo que ellos necesitan. En caso positivo pueden preguntar por el precio y negociarlo.

De lo contrario, deberán ir a otro puesto.

B. ¿Qué tal el pescado?

Objetivos:
- Pedir comida y bebida en un restaurante
- Pedir algo más durante la comida
- Valorar la comida

Recursos:
De primero / de segundo / de postre / para beber ■ *A la romana / a la plancha / al ajillo* ■ *¿Me trae otro/-a…?* ■ *¿Me trae un poco (más) de…?* ■ *¿Qué tal el pollo?* ■ *Está muy rico* ■ *Está muy /un poco / demasiado salado / picante…* ■ *La cuenta, por favor.*

Gramática:
- El presente de indicativo del verbo *pedir* como modelo de los verbos irregulares con cambio vocálico *e-i*
- La ausencia del artículo indeterminado con el determinante *otro/-a/-os/-as*
- El uso de la preposición *a* para indicar "a la manera de": *a la plancha*
- El uso de *estar* + adjetivo para valorar la comida

1 En un restaurante.

a) Mire el menú. ¿Qué platos conoce?
Objetivo: Activar conocimientos previos. Presentar vocabulario de comidas.
Para empezar: Proponga a los alumnos una lluvia de ideas con todas las palabras referentes a comida que consideren que pueden encontrar en la carta de un restaurante y escríbalas en la pizarra.
Procedimiento: Invite a sus alumnos a que miren el menú e intenten deducir el significado del mayor número de palabras posibles. El tipo de texto

(menú), la división en los apartados "entradas", "carne" y "pescado", etc., su conocimiento del mundo y las palabras de significado transparente (sopa, tomate, café, …) así como las que ya conocen les van a facilitar la tarea. Pregunte a los alumnos si pueden adivinar qué significa *al ajillo*, *a la romana* y *a la plancha*.

Comente que en las siguientes expresiones la preposición *a* indica la manera de preparar los platos:

ⓘ Información:
Al ajillo: Manera de preparar cualquier alimento friéndolo con cierta cantidad de ajos enteros o troceados.
A la romana: Manera de preparar sobre todo pescados, para indicar que se preparan rebozados, es decir que se fríen después de pasarlos por huevo batido y harina.
A la plancha: Manera de preparar carne, pescado o verduras asadas en una plancha de hierro, prácticamente sin aceite.
Gazpacho: Sopa de verduras fría, típica del sur de España, que se hace con tomates triturados, pepinos, pimientos, cebollas, ajo, aceite, vinagre y dados de pan tostado. Existen muchas variaciones.
Tortilla española: Plato preparado con huevos, cebollas y patatas, generalmente de forma redonda a modo de torta.
Paella: Plato de arroz con carne, pescado, mariscos, legumbres, azafrán y otros ingredientes según las zonas. Es el plato más conocido de España internacionalmente y, aunque se toma en todo el país, es originario de la Comunidad Valenciana.
Flan: Postre que se hace con yemas de huevo, leche y azúcar y que se cuaja en un molde al baño maría.
Café solo: Es un expreso. En los bares y cafeterías no suele haber café de filtro.
Café cortado: Es un café con un poco de leche.
Café con leche: Es un café con mucha leche.
Si quiere, puede informar a los alumnos sobre la diversidad de expresiones existentes en España para pedir un café. Por ejemplo: café ruso (se prepara con vodka y nata), café irlandés (con whisky y nata), carajillo (café con cognac), etc.

b) Escuche la conversación y marque en el menú lo que piden… 🎧 1;63 – 64
Objetivo: Comprensión auditiva selectiva.
Procedimiento: En esta actividad se trata de que los alumnos centren su atención en lo que piden las personas. Es importante que miren solamente el menú y no lean el diálogo. Ponga la audición (CD 1, tracks 63 – 64). Al escuchar, marcan los platos y bebidas que se piden.

c) Escuche y lea ahora la conversación.
🎧 1; 63 – 64

Objetivo: Familiarizar a los alumnos con una situación típica en un restaurante.

Procedimiento: Sugiera a los alumnos que escuchen el diálogo al mismo tiempo que lo leen para comprobar lo que se ha pedido. Después aclare las dudas de vocabulario que hayan podido quedar.

d) Lean la conversación en voz alta.
Objetivo: Comparar con las propias costumbres.

Procedimiento: Pida a cuatro voluntarios que lean el diálogo en voz alta. Luego, pregúnteles si han notado cosas que son diferentes en su país (por ejemplo, les podría llamar la atención que el camarero les ofrezca una mesa, que una persona pague todo).

ℹ️ Información:
En los bares, cuando se va a tomar una copa o un café con amigos, es usual que los españoles discutan un poco a la hora de pagar: todos quieren tener el honor de invitar a los demás. Al final, paga una persona y otra vez invita otra. Cuando se va a almorzar o a cenar, se suele pagar "a escote" es decir que se divide la cuenta entre el número de comensales y cada uno paga una parte, independientemente de lo que haya consumido.

La propina (un 10 ó 15 % del total) se suele dejar en el platillo en el que el camarero trae la cuenta.

2 Cómo pedir algo.

a) ¿Correcto o falso?
Objetivo: Comprensión lectora selectiva.

Procedimiento: Pida a los alumnos que comparen la información de las frases con la del diálogo de la página 52 y que decidan cuáles son correctas y cuáles no.

b) Busque las expresiones para pedir algo y complete las formas de 'pedir'.
Objetivo: Sistematización del presente de indicativo del verbo *pedir* .

Procedimiento: Anime a los alumnos a completar el cuadro buscando los recursos en la página 52. Dígales que pueden copiar los recursos tal y como aparecen en el diálogo impreso.

Pídales que completen el paradigma de *pedir*. Las formas que faltan aparecen en el diálogo del restaurante y en las frases del ejercicio anterior. Hágales ver que es un verbo irregular y que cambia la *e* por *i* en las mismas personas que el verbo *querer* cambia la *e* por *ie*.

3 Juego de roles: en el restaurante.

a) Y usted, ¿qué pide?
Objetivo: Actividad personalizada para preparar el juego de roles.

Procedimiento: Dé unos minutos de tiempo a sus alumnos para que vuelvan a leer el menú de la página 52 y elijan lo que van a tomar. Si quieren, pueden apuntarlo en el papelito verde del libro o en su cuaderno.

b) En grupos de tres. Completen el diálogo y luego representen la escena.
Objetivo: Práctica interactiva personalizada: recursos para pedir en un restaurante.

Procedimiento: Divida la clase en grupos de tres: una persona es el camarero y las otras dos son los clientes. Pídales que completen el diálogo con el menú que han elaborado en a) y anímeles a pedir un menú utilizando recursos como, por ejemplo, *para mí*, *yo quiero*, etc. Por último, los grupos representan la escena por separado, y si quiere, algunos voluntarios pueden representarla una vez en el pleno.

Y además: Si lo desea, puede organizar una cena con sus alumnos en un restaurante (español o latinoamericano) de la ciudad donde imparte las clases y los alumnos podrán pedir al camarero la comida y la bebida en español.

4 ¿Cómo se llaman estos objetos?

Objetivo: Ampliar vocabulario: los cubiertos.

Procedimiento: Explique que algunos objetos están ya dados, otros se pueden deducir leyendo las definiciones. Lea las definiciones, ayude a los alumnos a entenderlas por medio de gestos y palabras clave, por ejemplo, *sopa*. Luego escriben el nombre de los objetos que faltan. Por último, se comparan los resultados.

La expresión *sirve para* se introduce como expresión fija para definir algo. Usted puede comentarles que *servir* pertenece a la misma clase de verbos que *pedir*.

5 Pedir más cosas al camarero.

a) Mire el cuadro y complete.
Objetivo: Introducir la expresión me *trae + otro/-a, un poco más de…*

Procedimiento: Pida a los alumnos que observen el cuadro y así podrán deducir la regla de que *otro/-a/ -os* se usa con sustantivos contables ("noch ein/e"), mientras que *un poco más de* se reserva para los incontables ("noch etwas"). El uso es exactamente igual en alemán.

Insista en que en español no se usa el artículo indeterminado con *otro/-a*. Los germanohablantes tienden a ponerlo por interferencia de su lengua nativa. También es importante hacerles ver que con *un poco* necesitamos la preposición *de*.

b) Una cadena. Pida estas cosas al camarero.
Objetivo: Práctica oral de los recursos para pedir algo más durante la comida.
Procedimiento: Con el objetivo de practicar el uso correcto de las expresiones *otro/-a …* y *un poco más de…*, los alumnos piden en cadena las cosas propuestas en esta actividad.
Y además: Después de traducir las expresiones *otro/-a y un poco más,* proponga un juego de rol. Ponga usted la mesa con algunos cubiertos pero olvidando algunas cosas. Un alumno es el camarero y los otros son los clientes. Los clientes reclaman al camarero lo que falta.

6 El camarero tiene estrés. 🎧 1; 65

a) El camarero del restaurante "Don Pepe" tiene hoy un poco de estrés.
Objetivo: Introducir y practicar los recursos para valorar la comida.
Para empezar: Invite a los alumnos a mirar las cosas que el camarero lleva en las manos y a que escriban el nombre al lado del dibujo (*pollo, patatas fritas, filete, café, sopa, tarta de fresas*).
Después explique el significado de los adjetivos.
: *Picante* es un falso amigo, ya que en alemán "pikant" significa "bien condimentado".
Procedimiento: Explíqueles que van a escuchar diálogos en el restaurante en los que distintas personas alaban la comida o se quejan de ella. Ponga la audición (CD 1, track 65). Pida a los alumnos que escuchen con mucha atención y que numeren en el dibujo los platos que vayan escuchando. Después dígales que los relacionen con los adjetivos empleados para valorarlos.

b) En grupos de tres.
Objetivo: Práctica oral guiada de los recursos para valorar la comida.
Procedimiento: Recuérdeles que ya han visto la expresión *¿Qué tal?* en un contexto de presentaciones para preguntar por el estado.
Aquí verán que para valorar un plato, se usa también el verbo *estar + adjetivo*.
Los adverbios de la segunda columna les servirán para matizar esa valoración. Al igual que en alemán, *demasiado* y *un poco* tienen un valor negativo por lo que no se utilizan con adjetivos que tienen un significado positivo (por ejemplo, demasiado rico).

A continuación, pida a los alumnos que vuelvan a formar los grupos de tres como en el ejercicio 3 y se pregunten por algunos platos.
Aquí no se trata de hacer un contraste exhaustivo de *ser* y *estar*. Basta con que los alumnos se den cuenta de que *estar* se usa para valorar la comida.

7 En el mercado.

Objetivo: Repasar vocabulario.
Procedimiento: Los alumnos vuelven a la página introductoria (pág. 47) y escriben una lista con el nombre de los productos que conocen. Después en cadena, cada uno lee un producto y evita repetir los ya mencionados.

C. Comidas y costumbres

Objetivos:
- Hablar sobre los hábitos de comida en España: horarios de comida, las tapas…
- Dar informaciones generales
- El uso del verbo *ser* en las definiciones y para decir la hora

Recursos:
Los españoles comen muy tarde / cenan muy temprano / desayunan poco. ■ *En España se desayuna poco / se toman churros.* ■ *¿Qué hora es? / ¿Tiene hora? Son las dos. / Es la una. ¿A qué hora? A las…* ■ *¿Es picante? ¿Lleva ajo?*

Gramática:
- El presente de indicativo del verbo *poder* como modelo de los verbos irregulares con cambio vocólico *o → ue*
- El uso del pronombre *se* para generalizar (la pasiva refleja): *se come/n*
- Las comparaciones: *más que / menos que*

1 ¿Qué toma usted para desayunar?

Objetivo: Actividad de preparación al texto que sigue. Repasar vocabulario.
Procedimiento: Pregunte a sus alumnos qué toman para el desayuno. Ya conocen bastante vocabulario (*café, té, pan, mantequilla, queso,* etc.). Aclare las dudas de vocabulario que puedan surgir puesto que los alumnos tal vez necesiten palabras nuevas (p.ej.,

muesli, cereales, panecillo, miel, etc.) y escríbalas en la pizarra.

Recuerde que si el alumno siente la necesidad de aprender una palabra, la va a memorizar mucho mejor que si se les da como parte de una lista de vocablos al principio de la tarea.

2 Completar el texto.

a) Un 'emilio' de Karin.

Objetivo: Comprensión lectora. Sensibilizar a los alumnos en cuanto a las diferencias culturales en lo que respecta a horarios y hábitos de comida.

Para empezar: Asegúrese de que sus alumnos entienden todas las palabras del cuadro amarillo. Explíqueles además que la palabra *plato* en español tiene dos significados, el que ya conocen, *Teller* y además *Gericht*. Aclare el contexto (una chica alemana que está en España y habla de las comidas) para que tengan ya ciertas expectativas respecto al contenido del texto. Así les resultará más fácil de entender.

Procedimiento: Pida a sus alumnos que lean y completen individualmente el texto con las palabras adecuadas. Con grupos / alumnos inseguros, es mejor que usted lea el texto en voz alta. Cuando llegue a una línea, alguien del grupo menciona la palabra que falta.

Solución: café, mermelada, calamares, bar, platos, sopa, carne, fruta.

b) Complete con las informaciones del texto y con otras expresiones.

Objetivo: Fijar y repasar el vocabulario.

Procedimiento: Invite a los alumnos a volver al texto y buscar palabras y expresiones para hacer un mapa asociativo, según el modelo dado, en su cuaderno. Anímeles a poner además de las palabras del texto, otras que ya conocen. Por último, haga una puesta en común pidiendo, por ejemplo, a un alumno que dibuje un mapa asociativo en la pizarra y que lo vaya completando según las aportaciones del resto.

c) Busque en el texto las formas que faltan.

Objetivo: Sistematizar el verbo *poder*.

Procedimiento: Remita a los alumnos otra vez al texto y pídales que completen el paradgima. Hágales notar que *poder* es un verbo que diptonga, es decir, la *o* de la raíz se convierte en *ue* en las personas del singular y en la última persona del plural. Recuérdeles los verbos *querer* y *pedir*.

ℹ️ Información:

El desayuno: El desayuno español es bastante frugal. Consta, por lo general, de un café con leche (o leche con cacao para los niños) y un bollo (magdalena, ensaimada, croissant, etc.) o un panecillo con mantequilla y mermelada. No es habitual tomar huevos ni queso. Sin embargo, en las grandes ciudades (por influencia extranjera) se empieza a estilar el desayunar algo más fuerte y sano como cereales, pan integral o zumos de frutas, entre otras cosas.

La cena: En España y en Latinoamérica todavía se cena habitualmente comida caliente. Normalmente es algo ligero y poco complicado en su elaboración, a base de huevos, verdura, sopa y pescado. Tradicionalmente se tomaban dos platos pero hoy día se suprime con frecuencia el primero y también por comodidad muchas veces se toma una cena fría, un bocadillo o una ensalada. Es decir que se impone cada vez más lo de "desayunar como un rey, comer como un príncipe y cenar como un mendigo".

Si se va a un restaurante es usual pedir más de un plato y no es costumbre pedir, por ejemplo, sólo una ensalada o una sopa.

3 La hora.

a) ¿A qué hora...?

Objetivo: Presentar recursos para solicitar y dar información horaria.

Procedimiento: Remita a los alumnos al texto de la página 55 y pídales que busquen la información para responder a las tres preguntas. Hágales notar que en español se utiliza el artículo delante de la hora: *son las dos, es la una*.

Explique que para situar un acontecimiento de forma general en uno de los tres momentos del día se utiliza la preposición *por*: *Por* la noche, la gente cena más tarde. Cuando queremos situarlo en un momento concreto, si se menciona la hora, usamos la preposición *de*: A las tres *de* la tarde.

b) ¿Qué hora es?

Objetivo: Presentar la hora.

Procedimiento: Pregunte a los alumnos qué hora es y ayúdeles a que respondan usando el reloj del libro. Fije la atención de los alumnos en los usos de *y cuarto*, *y media* y *menos cuarto*. La expresión *en punto* se utiliza también para indicar puntualidad: *Nos vemos a las seis en punto*.

Además, hágales notar, mirando el cuadro, las diferentes formas (formal e informal) de preguntar por la hora.

Dígales que en algunos países de Latinoamérica suele decirse *(faltan) veinte para las tres*.

Si quiere, puede llevar a clase un reloj de juguete para practicar la hora.

4 **Es la una. Son las dos.**

a) Escuche y escriba el número del diálogo.
🎧 1; 66 – 70
Objetivo: Comprensión auditiva selectiva.
Procedimiento: Ponga la audición (CD 1, tracks 66 – 70) y pida a los alumnos que identifiquen la hora que se menciona en cada minidiálogo y apunten el número del diálogo al lado del reloj correspondiente.

b) Una cadena.
Objetivo: Fijar la hora.
Procedimiento: Pida a tres alumnos que lean el modelo y anime a los otros a seguir la cadena.

5 **Un cuestionario.**

a) En parejas. Pregunte a su compañero/-a a qué hora hace estas cosas y complete la lista.
Objetivo: Práctica oral interactiva: preguntar por la hora.
Procedimiento: De dos en dos los alumnos se preguntan a qué hora desayunan, almuerzan, cenan, etc. hasta que hayan completado el cuestionario de la derecha.

b) Presente los resultados.
Objetivo: Práctica oral: la hora.
Procedimiento: Cada alumno dice en el pleno a qué hora desayuna y almuerza el compañero. Dígales que presten mucha atención ya que van a tener que descubrir quién de la clase desayuna más temprano y quién almuerza más tarde. Al mismo tiempo, fijarán el verbo *almorzar*.

6 **Las tapas.**

a) ¿Cómo se llaman estas tapas?
Objetivo: Introducir y activar vocabulario.
Para empezar: Pregunte a los alumnos si saben qué son las tapas. Si no lo saben explíqueles que se trata de pequeñas raciones de comida que se sirven en un bar para acompañar la bebida, generalmente el aperitivo. Coménteles que en España es muy usual el "tapeo" o "ir de tapas," es decir, ir en grupo de un bar a otro bebiendo (cerveza o vino) y tomando tapas.
Procedimiento: Los alumnos miran las fotos y las relacionan con los nombres de las tapas anotando los números al lado del cuadradito correspondiente. En la mayoría de los casos, se trata de vocabulario ya conocido o transparente.

ⓘ **Información:**
Historia de las tapas: Se dice que la tapa nació a causa de una enfermedad de Alfonso X el Sabio, que se vio obligado a tomar pequeños bocados entre horas, con pequeños sorbos de vino. Una vez repuesto, el rey dispuso que en los mesones de Castilla no se sirviese vino si no era acompañado de algo de comida para evitar que el vino subiese rápidamente a la cabeza.
Al principio, la tapa se depositaba sobre la boca de la jarra o vaso servido, se "tapaba" el recipiente, de ahí el origen de la palabra. En aquellos tiempos, la tapa consistía en una loncha de jamón o rodajas de chorizo, de embutido o de queso.

b) Escuche una conversación en un bar. 🎧 1; 71
Objetivo: Comprensión auditiva selectiva.
Procedimiento: Ponga la audición (CD 1, track 71) y pida a los alumnos que escuchen y marquen en la lista de arriba qué tapas piden los clientes (¡no todas las que se mencionan se piden!). Recuérdeles que con marcar las tapas correspondientes el ejercicio estará bien resuelto aunque no entienda del todo el resto de la información.

c) Ahora usted quiere pedir una de las tapas.
Objetivo: Introducir y practicar los recursos para informarse sobre platos / comida que no se conocen.
Procedimiento: Anime a los alumnos a que pregunten por las tapas que todavía no conocen y que pidan las que más les apetezcan.
Recuérdeles que las preguntas dadas les serán muy útiles a la hora de enfrentarse a una carta que no comprendan bien.
Comente que cuando queremos definir una cosa de forma objetiva (en este caso, una comida) utilizamos el verbo *ser*, por ejemplo: *es picante*; mientras que con *estar* se introduce una valoración subjetiva del hablante: *Este plato* (en concreto) *está* (para mí) *picante*.

Y además: Tal vez pueda usted llevar a clase algunas tapas, por ejemplo queso manchego, aceitunas, una tortilla, jamón serrano, para que la clase resulte más motivadora. Convierta la clase en un bar. Los alumnos son los clientes y usted el camarero. Anímeles sobre todo a hacer preguntas.

7 **Vuelva al correo de Karin.**
Objetivo: Introducir la construcción *se* + verbo en 3ª persona. Contrastar costumbres.
Procedimiento: Haga notar a los alumnos que la construcción *se* + el verbo en 3ª persona es una expresión impersonal. Se conjuga en la tercera persona singular y plural, según el número del objeto. *En España se toma el aperitivo en un bar. En España se toman dos platos.*

Pídales que vuelvan a leer el correo de Karin y presten particular atención a las cosas que son diferentes en España. Luego anímeles a hacer una puesta en común en parejas y a utilizar la construcción: *En España se...* . Si quiere puede ampliar el ejercicio preguntando quién conoce algún país de habla hispana y si han encontrado cosas diferentes a su país no sólo en cuanto a bebidas y comidas sino también otras costumbres.

 **Al final**) **Una carta.**

Objetivo: Repasar el vocabulario y recursos de toda la unidad.

Procedimiento: Pídales que redacten entre dos una carta a una española que quiere estudiar en su ciudad y que describan los hábitos de comida de su país tomando como ejemplo el correo de Karin. Ayúdeles con el vocabulario desconocido y permita el uso del diccionario. Haga una puesta en común pidiendo a algunos alumnos que lean en voz alta lo escrito.

De compras

Página introductoria

🎧 2; 1–4

Objetivo: Comprensión auditiva selectiva.

Procedimiento: El propósito de la página introductoria es despertar el interés de los alumnos por el tema de las compras. Deles un par de minutos para que observen el dibujo; por los productos que se ofrecen, se darán cuenta de qué tipo de tiendas se trata. De este modo, les resultará más fácil resolver el ejercicio auditivo.

Explique a sus alumnos que van a escuchar algunos diálogos en el puesto de información de este centro comercial y que después deben completar el dibujo con el nombre de las secciones que faltan.

Después de una primera audición completa (CD 2, tracks 1–4), repita los diálogos por partes y deje suficiente tiempo para escribir.

Para comprobar los resultados, anímeles a mencionar su solución ayudándose con las palabras *planta baja, primera planta,* etc. que ven a la derecha y de las preposiciones *a la izquierda, al lado de,* etc. que ya conocen.

No conviene hacer demasiadas preguntas relativas al dibujo ya que el vocabulario (ropa, colores, etc.) se introducirá a lo largo de la lección.

Solución: 1. cafetería (tercera planta), 2. librería (planta baja), 3. perfumería (planta baja), 4. radio y televisión (primera planta).

A. Vamos de tiendas

Objetivos:
- Presentación del vocabulario básico relativo a la ropa (color, material, estampado) y a las tiendas.
- Los horarios de los establecimientos
- Los días de la semana

Recursos:
¿Cuál es su / tu color preferido? El verde / rojo / azul… ¿De qué color es ■ *Lleva un vestido amarillo y un sombrero.* ■ *¿A qué hora abre / cierra el banco? Los sábados están cerrados.*

Gramática:
- El uso de *ser* para expresar características
- El uso de *ser* + preposición *de* para hablar del material
- El uso de *muy* y *mucho*
- Repaso de la concordancia de sustantivos y adjetivos tomando como ejemplo los colores

1 **Ordene la ropa.**

Objetivos: Introducir el vocabulario relativo a las prendas de vestir, materiales y estampados.

Procedimiento: Invite a sus alumnos a observar las prendas de vestir y a clasificarlas confeccionando una lista dividida en tres columnas en la que escriban si son de hombre, mujer o unisex. Al escribir, van interiorizando el nuevo vocabulario. Por último, pídales leer en voz alta los resultados para compararlos. Además, anímeles a deducir con la ayuda de las fotos el significado de *a rayas* y *a cuadros*. Los símbolos a pie de página les ayudarán a aprender los materiales. Hágales notar que para mencionar los materiales se necesita la preposición *de* (*de cuero, de seda, de algodón,* etc.)

2 Los colores.

a) ¿Cuál es su color preferido?

Objetivo: Introducir el nombre de los colores.

Procedimiento: Los alumnos miran la paleta de pintor y los tubos de pintura de la página 61 y observan cómo se llaman los colores.

Después, se levantan y caminan por la clase preguntándose mutuamente, según el modelo, por su color preferido hasta encontrar a dos personas con su mismo gusto. Por último, pregunte usted a quién le gusta el rojo, el verde, etc. Pídales que levanten la mano y apunte los resultados en la pizarra. De este modo, los alumnos descubrirán el color preferido de la clase.

b) ¿Qué cosas tiene usted...?

Objetivo: Fijación de los colores.

Procedimiento: Pregunte a los alumnos cuál es su color favorito y anímelos a recordar (o escribir) prendas de vestir que tengan de ese color. Recuerde que los alumnos no tienen aún mucho vocabulario para mencionar otros objetos.

Introduzca la expresión *¿De qué color es…?* y pregunte a algunos alumnos de qué color es su coche o bicicleta.

Y además:

Escriba en la pizarra:

◆ Veo, veo.

◇ ¿Qué ves?

◆ Una cosita.

◇ ¿De qué color es?

◆ Amarilla.

Explíque a los alumnos el juego del "Veo, veo". Usted escoge en silencio una prenda de vestir que lleve un alumno y que todo el mundo puede ver pero no indica cuál es.

Usted dice: Veo, veo.

El resto del grupo responde: ¿Qué ves?

Usted: Una cosita.

El resto del grupo: ¿De qué color?

Usted: Amarilla.

Luego, el resto del grupo trata de adivinar qué cosa es de ese color. Dígales que se limiten sólo a las prendas de vestir ya que de lo contrario puede faltar vocabulario y se pueden sentir frustrados.

A continuación, el alumno que ha adivinado la prenda de vestir repite la rima y elige otra prenda de vestir que lleve un compañero.

3 Adjetivos de color, ropa y material

a) ¿Tiene buena memoria?

Objetivos: Fijar léxico relativo a la ropa, los colores y el material. Repaso de la concordancia.

Procedimiento: Primero, los alumnos miran los ejemplos del cuadro azul. Recuérdeles que ya conocen la concordancia de los adjetivos (Unidad 3). Hay algunas excepciones como violeta o rosa que son invariables (en su origen se trata de sustantivos) en la lengua normativa. Hoy en día se extiende su uso como adjetivos de forma que se escucha y se lee cada vez más *"blusas rosas"*. Recuérdeles también la regla de acentuación: *marrón* pierde el acento en plural *marrones*. Las palabras agudas con acento y acabadas en consonante pierden el acento en el plural.

A continuación, los alumnos cierran el libro y hacen una lista con las prendas de vestir y los complementos que recuerden de la página, agregando color y material. Por último, algunos leen su lista en voz alta.

Y además:
Prepare una serie de tarjetitas con fotos de diversas prendas de vestir (tal vez pueda fotocopiar los objetos de la página 60 o recortar prendas de un catálogo o revista) y colóquelas en una bolsa. Cada alumno saca una tarjeta y asocia la prenda de vestir con un color, y dice en voz alta, prestando atención a la concordancia, por ejemplo: *Tengo una blusa amarilla.*

Si quiere puede añadir también el material o diseño, por ejemplo: *de seda, a cuadros,* etc.

b) Un juego. ¿Quién adivina...?

Objetivo: Practica oral interactiva de la concordancia y del vocabulario de la ropa.

Procedimiento: Escriba en una hoja el nombre de diez prendas de vestir con su color o material. Para motivar más a los alumnos, dígales que se trata de una competición y que tienen que adivinar qué hay en la lista mencionando las combinaciones posibles. Cada alumno dice en voz alta lo que se le ocurre. Usted diga simplemente "no" o "sí". La combinación correcta de prenda y material vale 3 puntos. De esta forma, los alumnos tendrán oportunidad de probar muchas combinaciones (si es necesario, corrija los errores de concordancia). Si usted nota que los alumnos comienzan a aburrirse, otorgue un punto al que acierte sólo la prenda. Por último, dele un premio (un caramelo, un lápiz de color, etc.) al alumno que haya alcanzado mayor cantidad de puntos.

Y además:
Pida a los alumnos que se observen mutuamente de pies a cabeza. Luego se ponen espalda contra espalda y mencionan varias prendas de vestir del compañero con sus respectivos colores.

4 ¿Quién es?

Objetivo: Practicar de forma lúdica y personalizada el vocabulario relativo a ropa, colores y material.

Procedimiento: Diga a los alumnos que anoten en un papel las prendas de vestir que llevan y que mencionen también el color, el material y tal vez también el estampado. Usted recoge los papelitos, los mezcla y los reparte en el grupo. Pida a algunos alumnos que lean en voz alta la lista con las prendas de vestir, colores y materiales que le han tocado y el resto trata de identificar rápidamente a la persona que concuerda con las prendas de vestir mencionadas.

5 Horarios comerciales.

a) En parejas. Pregunte por los horarios que faltan.

Objetivos: Introducir los días de la semana. Preguntar por horarios. Repasar la hora.

Para empezar: Escriba los días de la semana en la pizarra. Pida a los alumnos que escojan tres y los escriban en una hoja. Ahora, diga usted los días en un orden cualquiera y el primero que tache sus tres días, gana.

Procedimiento: Para comprobar si recuerdan la hora, formule algunas preguntas, por ejemplo, *¿A qué hora empieza la clase?*. Luego los alumnos trabajan de dos en dos. El alumno A mira la página 62 y el alumno B, la página 120. Cada uno completa los horarios que faltan con las informaciones que le da su compañero. Puede proponerles que vayan alternando las preguntas y respuestas o que uno pregunte primero por todos los horarios y luego al revés. Llame la atención sobre la diferencia *el lunes / los lunes*.

ⓘ Información:

Coménteles que en la mayoría de los casos los horarios que aparecen en esta actividad son representativos de este establecimiento en España, pero cada establecimiento puede tener otro horario de apertura o cierre ya que existe una ley que proclama el principio de libertad absoluta de los comerciantes para determinar los días y horas de su actividad comercial.

b) Lea el texto y complete con 'mucho/-a/-os/-as'.

Objetivos: Comprensión lectora selectiva y repaso de mucho/-a/-os/-as.

Procedimiento: Invite a los alumnos a leer atentamente el texto y completar con las formas de *mucho/-a/-os/-as*. Después, haga una puesta en común. Pida a algunos alumnos que lean en voz alta el texto por párrafos para comprobar los resultados. Asegúrese además de que hayan comprendido el texto y no que sólo lo hayan completado de forma mecánica. Por último, pídales que contesten la pregunta del enunciado del ejercicio y haga una puesta en común en el pleno.

Solución: Comprar sellos: Sí; comer con un cliente: Sí; cambiar dinero: No.

c) Complete.

Objetivo: Sistematizar el uso de *muy* y *mucho*.

Procedimiento: Los alumnos completan los dos cuadros con las formas adecuadas. Dígales que en el cuadro de la izquierda se trata simplemente de la concordancia. El cuadro de la derecha puede presentar mayores dificultades puesto que en su lengua este significado lo cubre un solo adverbio *(sehr)*. Por ello, llame su atención sobre las palabras a las que acompaña, *muy* (adjetivos y adverbios) y *mucho* (verbos o sólo).

d) ¿Cómo son los horarios comerciales en su país?

Objetivo: Práctica oral personlizada.

Procedimiento: Pregunte a algunos alumnos a qué hora abren, por ejemplo, las panaderías, las farmacias, los grandes almacenes, etc., en su país, o a qué hora cierran, si abren los domingos, etc. Si quiere, puede ampliar el ejercicio pidiéndoles que escriban en parejas un texto similar al de la página 62 en el que comparen los horarios de apertura y cierre españoles con los de su propio país.

6 Complete con 'muy' o 'mucho/-a'...
🎧 2; 5 – 9

Objetivo: Fijación escrita de *muy / mucho*. Comprensión auditiva global.

Procedimiento: Pida a los alumnos que completen las frases y luego dígale a un alumno que las lea en voz alta con el objetivo de comprobar los resultados (en el CD no se escuchan las mismas frases). Como siempre, en *Caminos neu* se trata de ejercitar las formas gramaticales pero también de entender el contenido de las frases. Por eso, en un segundo paso, dígales que van a escuchar cinco situaciones que se refieren a las cinco frases dadas. Luego ponga la audición (CD 2, tracks 5 – 9). Haga una pausa después de escuchar cada diálogo y deje suficiente tiempo para que los alumnos marquen las frases correctas. Invite a los alumnos a leerlas en voz alta para comprobar el resultado y, por último, ponga otra vez la audición.

Solución: Frases correctas: 2, 3 y 5.

7 ¿Cómo se llaman estas tiendas?

Objetivo: Repasar vocabulario.

Procedimiento: Invite a los alumnos a mirar las fotos de los diferentes establecimientos y pregúnteles si saben cómo se llaman *(estanco, tienda de moda, librería, carnicería, zapatería, tienda de alimentos)*. Hágales notar que el nombre de muchos establecimientos se forma con el nombre del producto que se vende más el sufijo *-ería*, por ejemplo: *zapatería, carnicería*, etc. Divida la clase en tres grupos (A, B y C). El grupo A hace una lista con los productos que se pueden comprar en el estanco y la tienda de modas, el grupo B con lo que se puede comprar en la librería y la carnicería y el grupo C, en la zapatería y en la tienda de alimentos. Por último, cada grupo expone sus resultados y si quiere usted, puede apuntar lo que digan en la pizarra.

También puede proponerles una actividad oral: Por ejemplo, sin repetir y en cadena, cada alumno menciona lo que se puede comprar en el estanco, cuando ya no haya más propuestas se sigue con la tienda de modas y así sucesivamente. O cada alumno nombra uno o varios productos y dónde se puede comprar. Por ejemplo: *En el estanco se pueden comprar sellos, cigarillos y…*

8 En la 'Galería'.

Objetivo: Práctica oral para repasar el léxico de la ropa, los colores y las secciones del centro comercial.

Procedimiento: Deles a sus alumnos unos minutos de tiempo para mirar el dibujo de la página 59 y elegir una persona que quieran describir. Luego pida a un alumno que describa a la persona elegida siguiendo el modelo y el resto trata de adivinar mediante preguntas dónde está. El que adivina formula la próxima pregunta.

B. Me queda bien

Objetivos:
- Comprar ropa en un establecimiento
- Señalar algo
- Decir cómo queda la ropa

Recursos:
Quería (ver / cambiar)… / Sólo quería mirar ■ *¿Qué talla necesita? / ¿Qué número calza?* ■ *¿No lo / la / los / las tiene/n en otro color? ¿Dónde están los probadores?* ■ *¿Qué te / le parece?* ■ *Me queda/n ancho / largo / corto…* ■ *Me lo (la, los, las) llevo.* ■ *¿Paga en efectivo o con tarjeta?*

Gramática:
- Los demostrativos: *este/-a/-os/-as, ese/-a/-os/-as*
- Los pronombres tónicos y átonos de complemento indirecto
- El uso de *me gusta/n, me queda/n*

1 ¿Qué desea?

a) En una tienda de modas.
Objetivo: Introducir los recursos para comprar ropa.
Para empezar: Los alumnos miran la foto para hacerse una idea del diálogo que van a leer.
Procedimiento: Haga que los alumnos miren las palabras al pie de la foto y aclare las dudas de vocabulario. Después, pídales que lean y completen el diálogo con estas palabras.

b) Escuche el diálogo y compruebe. 🎧 2; 10
Objetivo: Comprensión auditiva selectiva.
Procedimiento: Ponga la audición (CD 2, track 10) y luego pida a algunos alumnos que lean cada uno una frase en voz alta. Por último, dígales que vuelvan a leer el diálogo en parejas con el objetivo de practicar las estructuras.
Solución: falda, color, probadores, un poco estrecha, más grande, tarjeta.

c) ¿Esta o esa?
Objetivo: Introducir el uso de los demostrativos.
Procedimiento: Elija en la clase diferentes objetos (libro, gafas, jersey, etc.) y presente los demostrativos *este/-a/-os/-as* y *ese/-a/-os/-as*.
Pídales que subrayen en el diálogo anterior los términos españoles que corresponden a los demostrativos *dieser / diese / das da*. De acuerdo a la Real Academia Española de la Lengua, los demostrativos cuando funcionan como pronombres se pueden escribir con acento o no. En *Caminos* los alumnos van a encontrar siempre la versión sin acento para evitarles una dificultad adicional.
Después, aproveche el cuadro de presentación de los demostrativos del libro para presentar su morfología y uso. Para demostrar la diferencia entre *este* y *ese*, señale con el dedo objetos de la clase más o menos cercanos, utilizando los demostrativos correspondientes.

2 Sustituya en el diálogo 'una falda' por 'un jersey'.

Objetivo: Fijar la concordancia a través de un trabajo cognitivo.
Procedimiento: Recuerde a los alumnos que no sólo el adjetivo y el artículo concuerdan con el sustantivo, sino también el pronombre de objeto directo (lo conocen de la Unidad 5), que lo sustituye en la frase.
Los alumnos se concentran en sustituir las formas gramaticales y ven cómo cambia el diálogo. De esta manera, aplican conscientemente las nuevas formas. Para comprobar los resultados, pida a algunos alumnos que lean las frases en voz alta.

3 El centro comercial.

a) Diálogos en un centro comercial. 📢 2; 11 – 15
Objetivo: Comprensión auditiva. Presentación de algunos recursos importantes para comprar.
Para empezar: Diga a los alumnos que las frases del cuadro azul son recursos útiles para situaciones de compra y que ya conocen muchas de ellas. Aclare luego el vocabulario desconocido (por ejemplo: *pilas, calzar,* etc).
Procedimiento: Pida a los alumnos que marquen las frases que escuchan en los diálogos siguientes y ponga la audición (CD 2, tracks 11 – 15) dos veces.
Solución: Sólo quería mirar. Quería ver el bolso marrón del escaparate. Quería cambiar este vídeo. Es que no funciona. ¿Qué número calza? ¿Tienen pilas para esta cámara?

b) Ordene el diálogo.
Objetivo: Fijar recursos útiles para hacer una compra.
Procedimiento: Los alumnos, individualmente, ordenan el diálogo poniendo los números correspondientes en las casillas. Después pida a dos alumnos que lo lean en voz alta (uno es el vendedor y el otro, el comprador) para comprobar si han hecho bien la actividad.

4 ¿Qué dicen estas personas? Complete.

Objetivo: Presentar la expresión *me queda* + adjetivo.
Procedimiento: Deje tiempo a los alumnos para que lean las expresiones del cuadro azul y ayúdeles con el vocabulario desconocido. Los adjetivos se presentan con los antónimos para facilitar su memorización. Pídales que completen los bocadillos. Recuérdeles que tengan cuidado con la concordancia y que además, pueden agregar, por ejemplo, *un poco* o *muy*.

b) ¿Quién es?
Objetivo: Práctica oral guiada de los recursos para decir como queda la ropa.
Procedimiento: Un alumno lee una frase de uno de los bocadillos y los otros adivinan qué persona del dibujo la dice. El que adivina dice la próxima frase. De este modo, se comprueban los resultados.

5 En parejas. Escriban un diálogo...

Objetivo: Práctica escrita para repasar los recursos para comprar.
Procedimiento: Pida a los alumnos que, de dos en dos, escriban un pequeño diálogo de compra, según

los modelos que han visto, para luego representarlo en el pleno.

6 Un regalo de boda para Marta y Javier.

a) Escuche y marque qué les gusta... 📢 2; 16
Objetivos: Comprensión auditiva selectiva. Sensibilización sobre el uso de los pronombres de complemento indirecto.
Procedimiento: Explique la situación de partida: unos amigos discuten sobre los regalos que pueden hacer a una pareja por su boda. Ponga la audición (CD 2, track 16) y pida a los alumnos que marquen primero qué les gusta a los novios, Marta y Javier. Ponga otra vez la audición para comprobar y, seguidamente, haga una puesta en común de forma oral. Anímeles a que utilicen la construcción *A Marta / Javier le gusta/n...* Recuérdeles que ya conocen la expresión *me gusta/n* de la Unidad 3 y que ahora van a aprender las otras formas.
Solución: Javier: el tenis, la fotografía, la ópera. Marta: la cocina asiática, los museos, la playa.

b) ¿Qué les regalan sus amigos?
Objetivo: Sistematización de los pronombres de complemento indirecto.
Procedimiento Pregúnteles qué les quieren regalar a Javier y Marta sus amigos (si no lo recuerdan, puede poner de nuevo el final de la audición).
A partir de las frases del ejercicio anterior, presente las formas del pronombre del complemento indirecto.Totalmente nuevas para ellos serán las formas de los pronombres tónicos para la primera y segunda persona, *mí* y *ti*. Explíqueles que cuando se quiere evitar confusiones / ambigüedades o si destacamos a una persona de entre varias, se utilizan necesariamente los dos pronombres.

7 Complete con los pronombres.

Objetivo: Fijación de los pronombres de complemento indirecto.
Procedimiento: Pida a sus alumnos que completen las frases individualmente y después haga una puesta en común. Los alumnos leen en parejas los minidiálogos.

8 Un regalo para los compañeros.

Objetivo: Práctica oral interactiva de los pronombres de complemento indirecto.
Procedimiento: Pida a los alumnos que miren los objetos y aclare las dudas de vocabulario. Luego, divida la clase en dos grupos. Deje suficiente tiempo

para que cada grupo haga una lista con los objetos que quieran regalar a cada persona del otro grupo. Por ejemplo: *Julia / CD; Peter / guitarra*, etc. Después, anime a los alumnos a decir qué regalo es para cada persona por medio de preguntas como *¿Qué le regaláis a Julia?, ¿Y a Peter?*, etc. Un alumno del grupo contesta según el modelo: *A Julia le regalamos el CD* (y si quiere puede añadir un motivo, p ej., *porque le gusta la música*). Cuidado al formular preguntas: no mencione usted los objetos, es decir no pregunte: *¿A quién le regaláis el bolso?*) para evitar el uso de *se lo*.

C. Consumo y costumbres

Objetivos:
- Lectura de un texto adaptado
- Hacer comparaciones
- Expresar acuerdo o desacuerdo

Recursos:
Es más / menos caro que... Es el / la más / menos bonito/a ■ *Cuesta tanto como...* ■ *Tengo tantos/as como... / Yo también. Yo tampoco. / Yo no. / Yo sí.* ■ *A mí sí / no / también / tampoco.*

Gramática:
- Los comparativos: *más / menos que... / tanto/-a/-os/-as como...*
- Los superlativos: *el / la más...*
- Los adverbios de afirmación y negación *también / tampoco*

1 La empresa Zara.

a) ¿Conoce alguna de estas marcas?
Objetivo: Actividad preparatoria antes de la lectura del artículo.
Procedimiento: Esta actividad tiene como objetivo despertar el interés de los alumnos por el tema de las marcas y de la moda para facilitarles después la comprensión del texto. Pregunte a sus alumnos si conocen las marcas cuyos logos se ven en la parte izquierda de la página. Pregúnteles si hay tiendas de esas marcas en su ciudad, a qué público se dirigen o de qué país son. Luego, anímeles a contar qué asocian ellos con cada una de las marcas. Usted puede utilizar las preguntas dadas en el libro o formular preguntas de acuerdo a los intereses de sus alumnos. Por ejemplo: *¿Tiene usted ropa de Zara?, ¿Sabe*

usted dónde está la central de Hugo Boss?, ¿Qué vende Adidas?, etc.

b) Lea este artículo de periódico. ¿Le puede buscar un título?
Objetivos: Compresión global de lectura. Conocer una empresa española de moda. Introducir las comparaciones.
Procedimiento: Diga a los alumnos que van a leer un texto auténtico de un periódico y, como tal, es bastante largo y no muy fácil. Por eso lo irán comprendiendo paso a paso.
En primer lugar, se trata de comprender el contenido global para buscar un título adecuado.
Primero, lea usted el texto en voz alta. Sugiérales buscar un título apropiado. Recoja los resultados en la pizarra, luego se puede hacer una votación y elegir el título más original.
Por último, dele a cada alumno la oportunidad de preguntar por el significado de dos palabras y antes de dar usted la traducción, trate que otros alumnos encuentren la respuesta basándose en el contexto. Aclare así todas las dudas de vocabulario.

c) Marque las frases correctas.
Objetivo: Comprensión lectora selectiva.
Procedimiento: Remita otra vez a los alumnos al texto y lea usted la primera frase de este ejercicio. Los alumnos dicen si es correcta o falsa. Deje suficiente tiempo para que los alumnos puedan volver a leer el texto y buscar la información que se pide. Después, haga una puesta en común en el pleno y pida que un alumno lea dónde se encuentra o no dicha información. A continuación, lea usted la segunda frase y así sucesivamente hasta completar las ocho.
Solución: Frases correctas: 1, 2, 4, 5 y 8.

2 La comparación.

a) Marque en el artículo sobre Zara las expresiones para comparar cosas.
Objetivo: Introducir las comparaciones.
Procedimiento: Proponga a los alumnos que vuelvan a leer el artículo de Zara y que marquen en él las expresiones que se usan para comparar. Pídales que las lean en voz alta.

b) Complete el cuadro.
Objetivo: Sistematizar la comparación.
Procedimiento: A continuación, los alumnos completan el cuadro azul. Haga hincapié en que las formas de la izquierda se utilizan para comparar una cualidad (adjetivo), y las de la derecha una cantidad (sustantivo / verbo).

La diferencia entre *tan* y *tanto… como* presenta cierta dificultad para los alumnos. Por eso, sería útil darles la fórmula: *tan* + adjetivo; *tanto/a* + sustantivo.

3 Un juego.

Objetivo: Practica oral interactiva de la comparación. Revisión de la ropa, de los colores y de la concordancia.

Procedimiento: Los alumnos eligen un objeto del escaparate y por turnos lo describen siguiendo los modelos. El resto de la clase intenta identificar de qué objeto se trata. Deben ponerse de acuerdo sobre qué desean comparar. Recuérdeles que pueden ser objetos del mismo tipo pero que también se pueden comparar , por ejemplo, los precios: *Cuesta tanto como el bolso rosa*; el tamaño: *Es más ancha que la camiseta rosa, etc.*

4 Hábitos de compra.

a) Escuche una encuesta. 2;17
Objetivo: Comprensión auditiva selectiva.
Procedimiento: Explique a los alumnos la situación: una encuesta de la radio sobre los hábitos de compra. A continuación, ponga la audición (CD 2, track 17) y pida a los alumnos que escuchen la encuesta y escriban en un papel dónde compran las personas. Haga hincapié en que en esta fase basta con concentrarse en los lugares de compra que se mencionan. Luego, se comparan los resultados en el pleno.
Solución: mercado, tiendas de barrio, centro comercial, internet, grandes almacenes.

b) ¿Dónde compra usted? ¿Por qué?
Objetivo: Práctica oral personalizada para hablar de los hábitos de compra. Repaso de vocabulario.
Procedimiento: Anime a los alumnos a hablar de sus propias costumbres de compra. Ayúdeles con preguntas como: *¿Utiliza la red para comprar algunos productos? ¿Compra usted por catálogo? ¿Compra productos de oferta? ¿Cuál es la cadena de tiendas de ropa más importante de su país?*

c) Reacciones diferentes.
Objetivo: Expresar acuerdo y desacuerdo.
Procedimiento: Pida a los alumnos que lean el cuadro en el que se presentan posibles reacciones a una afirmación. Insista en que lean las frases por orden de izquierda a derecha y se fijen en los símbolos que les ayudarán a entenderlas mejor. En un primer paso invíteles a descubrir las diferencias de uso entre *yo* y *a mí*: posiblemente se darán cuenta de que la

segunda forma se utiliza para reaccionar a una frase que contiene un verbo del tipo *me encanta*.
En un segundo paso llame su atención sobre el adverbio *tampoco*: se utiliza cuando el hablante expresa su acuerdo con un enunciado anterior negativo. Por ejemplo: *Yo no compro… / yo tampoco…* Los hablantes están de acuerdo en que no compran *(auch nicht)*.

6 Una cadena de tres.

Objetivo: Práctica oral personalizada de los recursos para expresar acuerdo y desacuerdo.
Procedimiento: Aclare las dudas de vocabulario y proponga una cadena de tres siguiendo el modelo del libro. Una persona empieza diciendo una frase y dos reaccionan. Luego, el siguiente dice una nueva frase, etc. Insista en que deben reaccionar a la frase inmediatamente anterior y no a la del primer hablante.

 **Al final** Abrimos una tienda.

Objetivo: Repasar vocabulario y recursos de toda la unidad.
Procedimiento: Divida la clase en grupos de tres y propóngales como actividad final la apertura de una tienda propia.
Deberán ponerse de acuerdo en qué tipo de tienda quieren abrir, qué productos van a vender, el horario, el lugar, el tipo de clientes. Deje suficiente tiempo para que cada equipo prepare un pequeño texto informativo o de publicidad con el logo de la tienda y lo presente luego al resto de la clase. Ayúdeles en las dudas de vocabulario que surjan.

Así es la vida

Página introductoria

Explique a los alumnos que aquí se presentan diferentes situaciones de la vida cotidiana. Anímeles a hablar sobre las actividades que realizan ellos todos los días. Pídales que miren las fotos y pregunte qué semejanzas y diferencias ven entre las costumbres cotidianas representadas aquí y las de su país. Por ejemplo, en Alemania no existen los limpiabotas en las calles, la gente no tiene la costumbre de ir a comprar el periódico al quiosco e ir leyendo por la calle. En España y en Alemania algunos hombres comparten los trabajos domésticos.

ⓘ Información:
Tareas de casa: Según el Ministerio de Trabajo y Asuntos Sociales, casi siete de cada diez hombres españoles (69,2 %) no ayuda en las tareas domésticas. Ante esta situación, este ministerio lanzó una campaña de publicidad bajo el lema: *Está claro. Sabes limpiar. ¿Por qué no lo haces en casa?* (ver pág. 74). Los ayuntamientos promueven además cursos de tareas domésticas para hombres.

Lectura del periódico: En España la gente mayormente compra el periódico todos los días en el quiosco y muy pocos están abonados. Los periódicos más leídos son los deportivos (*Marca*, *As*, etc.). Entre los de divulgación general *El País* está a la cabeza, seguido por *El Mundo*, *ABC* y *La Vanguardia* (publicado en Barcelona).

El mercado: A pesar del auge de los supermercados, mucha gente prefiere comprar los productos frescos en el mercado. Cada pueblo, por más pequeño que sea, tiene un mercado (mercado de abastos) propio.

A. Las cosas de todos los días

Objetivos:
- Hablar de la rutina diaria
- Decir la nacionalidad
- Estructurar un relato
- Expresar frecuencia

Recursos:
Primero... Luego... Después... Al final... Antes de... Después de ■ *¿Cuántas veces? / Todos los días / De vez en cuando. Una vez / Algunas veces al día / a la semana / al año. Casi nunca /...* ■ *¿Cuánto tiempo? / Una hora. / Los lunes / los martes* ■ *¿Cuándo? / A (eso de las) dos / tres. Los lunes / los martes por la mañana / tarde / noche.*

Gramática:
- El presente de indicativo de los verbos reflexivos
- La posición sintáctica del pronombre reflexivo
- Los gentilicios
- El presente de indicativo de los verbos con irregularidad en la primera persona
- Los marcadores de tiempo, frecuencia y duración

1 **Rutina diaria.**

a) Marque sus respuestas en este cuestionario y compare con su compañero.
Objetivo: Comprensión lectora. Presentación de algunos verbos reflexivos en un contexto auténtico (cuestionario).
Procedimiento: Explique a los alumnos que van a completar un cuestionario sobre sus costumbres

cotidianas. Aclare las dudas de vocabulario antes de que lean y pídales que completen el cuestionario individualmente. Después, de dos en dos, hacen el cuestionario mutuamente. Uno lee la pregunta y el otro responde y luego, viceversa.

b) ¿Puede nombrar dos actividades más de un día normal en su vida?
Objetivo: Expresión oral personalizada.
Procedimiento: A continuación, pida a los alumnos que apunten dos actividades más de su rutina diaria. Ayúdeles con el vocabulario y pregunte a algunos: *¿Qué hace/s todos los días?*
Pueden salir respuestas como p.ej., *Veo las noticias en la tele, hago deporte, bebo dos litros de agua,* etc.

c) Complete el cuadro.
Objetivo: Sistematización de los verbos reflexivos.
Procedimiento: Los alumnos completan el cuadro y, tomando como ejemplo el verbo *ducharse* – que funciona de forma análoga en alemán –, aprenden los verbos reflexivos.
Explíqueles que estos verbos se conjugan como "verbos normales", es decir, que los verbos reflexivos terminan en *-ar, -er, -ir* .
Recuérdeles las formas verbales ya conocidas *me llamo, se llama,* etc., para demostrarles que no todos los verbos reflexivos en español lo son también en alemán ni viceversa: por ejemplo, levantarse, quedarse, etc. Por eso al buscar los verbos reflexivos *(levantarse, concentrarse, aburrirse, encontrarse, quedarse, relajarse, acostarse)* y deducir su significado, se darán cuenta de las diferencias existentes.

d) En grupos de cuatro.
Objetivo: Práctica oral de los verbos reflexivos.
Procedimiento: Divida la clase en grupos de cuatro. Pídales que comparen los resultados que han obtenido en el ejercicio a) y busquen, por lo menos, una cosa que tengan en común. Para ello, deben mencionar sus resultados *(me levanto antes de las 7)*, con lo que estarán practicando la primera persona). Recuérdeles cómo reaccionar para afirmar o contradecir *(yo también, yo no …)*.
Luego, en el pleno cada grupo menciona algunos de sus puntos en común según el modelo y así practican otras formas.

2 **Una tienda de especialidades.**

a) Pedro Rojas, un empresario internacional.
Objetivo: Práctica escrita de los verbos reflexivos. Recursos para estructurar un texto.
Procedimiento: Invite a sus alumnos a escribir un pequeño texto sobre la posible rutina diaria de Pedro Rojas ayudándose con las palabras que se encuentran al pie de la foto.

Recuérdeles que para que un texto sea fácil de leer y no sea sólo una enumeración de frases hay que estructurarlo. Pídales que empiecen a redactar teniendo en cuenta las palabras que están en el cuadro y que marcan orden *(primero, después, luego, al final)*. Sugiérales que usen frases cortas.
Cuando han terminado, algunos voluntarios leen cómo han imaginado la vida de este empresario.

b) Los productos de don Pedro.
Objetivo: Introducción de los gentilicios.
Procedimiento: Los alumnos observan los ejemplos del cuadro. Explíqueles que los gentilicios funcionan como adjetivos con la siguiente excepción: a diferencia de los otros adjetivos a los gentilicios terminados en consonante se les añade una *a* para formar el femenino (alemán / alemana). Escriba en la pizarra:

masc.	un lugar ideal	español
fem.	una ciudad ideal	español**a**

Insista también en las dos traducciones posibles al alemán: *La comida italiana es fantástica (italienisch). Valeria es italiana (Italienerin).*

Después, invite al los alumnos a hacer hipótesis sobre la procedencia de los productos que Don Pedro vende en su tienda. A continuación, completan las dos columnas con posible gentilicios (también acepte el nombre de los países). Lo importante es lo que ellos consideren típico de cada país. Adviértales que la solución puede ser muy subjetiva.

c) Escuche una entrevista con Pedro Rojas y compruebe. 🔊 2;18
Objetivo: Comprensión auditiva selectiva.
Procedimiento: Ponga la audición (CD 2, track 18). Los alumnos escuchan la entrevista con Pedro Rojas y comparan con sus hipótesis el origen de los productos. Lo importante es que los alumnos escuchen la entrevista con interés y no sólo para comprobar si sus hipótesis son correctas o falsas.
Después de comprobar los resultados se puede volver a escuchar la entrevista para contestar estas preguntas: *¿Cómo se llama la empresa? ¿Quiénes son los clientes? ¿Por qué tiene éxito?* Escríbalas en la pizarra antes de poner la audición otra vez.

3 **Una cadena.**

Objetivo: Práctica oral guiada de los gentilicios.
Procedimiento: Proponga una cadena siguiendo las propuestas del libro, por ejemplo: *¿Tienes un coche alemán? – Sí, un Golf. / No, no tengo coche.*
Se puede añadir otras preguntas, como *¿ Te gustan los zapatos italianos?,* etc.

4 Personas famosas.

Objetivo: Práctica oral de los gentilicios.
Procedimiento: Sugiera a los alumnos que se pregunten mutuamente por la procedencia de personas famosas siguiendo el modelo. Un alumno formula una pregunta y el que responde formula a su vez otra.

5 Tareas domésticas.

a) Una cadena. ¿Según usted, cuántos hombres hacen estas tareas de casa?
Objetivo: Introducción del vocabulario relativo a las tareas domésticas.
Procedimiento: Compruebe si los alumnos han entendido el nuevo vocabulario gracias a los dibujos y pídales que escriban al lado de cada actividad el porcentaje que crean factible. Después, pregunte a diferentes alumnos sobre sus hipótesis relativas a algunas de las tareas domésticas mencionadas. El objetivo es especular sobre las cifras, no se trata de encontrar las cifras correctas. De todos modos, si les interesa conocer los resultados los pueden encontrar en la página 120.
Información: Según la secretaria general de Asuntos Sociales, Lucía Figar, quien presentó la campaña junto a la directora del Instituto de la Mujer, Miriam Tey, el mensaje es que no hace falta conocimientos especiales para realizar las tareas domésticas, sino la voluntad de querer hacerlo. El presupuesto invertido en la campaña ha sido de 1.750.000 euros y ha contado con la cofinanciación del Fondo Social Europeo.

b) ¿Se acuerda de estos verbos?
Objetivo: Sistematización de los verbos irregulares en la primera persona.
Procedimiento: Los alumnos completan el cuadro con las formas que faltan. Hágales ver que los verbos irregulares pueden ser de varios tipos. Por ejemplo, los que cambian de *e* a *i* como *decir*, o de *e* a *ie* como *venir* y los que sólo tienen irregular la primera persona del singular como *poner*.

c) ¿Cuáles de las actividades...?
Objetivo: Práctica oral personalizada de los verbos irregulares y las tareas domésticas.
Procedimiento: Haga un breve comentario sobre las labores que hace usted en casa y cuáles comparte o hace su pareja o sus hijos. Invíteles a hacer lo mismo y a comentar cómo se reparten en casa las tareas Pídales que mencionen muchas actividades para fijar el vocabulario.

6 Un juego.

Objetivo: Práctica personalizada de los recursos del bloque A e introducción de adverbios para expresar frecuencia y duración.
Procedimiento: Forme grupos de tres jugadores. Entréguele a cada persona un peón que colocará en la casilla de salida. Un alumno tira el dado y avanza en base a los puntos obtenidos. Su vecino formula las preguntas (muchas veces sólo sugeridas por dibujos) que deberá contestar detalladamente. Por ejemplo: *¿Cuántas veces limpias las ventanas?, ¿Cuánto tiempo?, ¿Cuándo?*

B. ¡Un día fatal!

Objetivos:
■ Hablar de algo pasado en relación al presente
■ Dar opiniones personales

Recursos:
¿Ha / has trabajado / dormido / comido.... alguna vez? Sí, muchas veces / una vez. No, nunca. ... ■ *Ya + pretérito perfecto.*

Gramática:
■ El pretérito perfecto de indicativo.
■ El uso del pretérito perfecto (verbos regulares e irregulares)
■ Adverbios de frecuencia *(muchas veces, algunas veces, una vez, nunca)*
■ La doble negación *no... nunca*

1 El día de Marina.

a) Las desgracias nunca vienen solas.
Objetivo: Comprensión lectora. Introducción del pretérito perfecto.
Procedimiento: Lea las frases y aclare primero los vocablos nuevos *(sucio, llegar tarde, olvidar, tontería, invitación, cumpleaños, etc.)*.
Los alumnos leen las frases para buscar aquellas que no pertenezcan a un día fatal. Aquí sólo se trata de un primer acercamiento al pretérito perfecto, que se sistematizará a continuación. El contexto y los verbos que ya conocen les permiten entender las frases a pesar de la nueva forma.

b) ¿Y a usted? ¿Cuáles de estas cosas ya le han pasado alguna vez?
Objetivo: Práctica oral guiada del pretérito perfecto.
Procedimiento: A continuación, pregunte usted a algunos alumnos cuáles de estas cosas le ha pasado alguna vez. Para esta primera práctica basta que elijan una frase y la lean.

2 El pretérito perfecto.

a) Busque en el texto las formas nuevas. ¿Cuál es el infinitivo?
Objetivo: Tomar conciencia del uso del pretérito perfecto.
Procedimiento: Pida a los alumnos que vuelvan a leer las frases anteriores y que marquen las formas del perfecto. Luego, un alumno lee el verbo en perfecto en voz alta y su vecino menciona el infinitivo.

b) Mire el cuadro. ¿Puede formular una regla...?
Objetivo: Sistematización del pretérito perfecto.
Procedimiento: En las frases de Marina los alumnos encuentran las formas para completar el cuadro. Ayúdeles a deducir cómo se forma el perfecto, es decir con el presente del verbo *haber* y el participio perfecto del verbo principal.
Hágales notar que en español, al contrario del alemán, sólo existe el auxiliar *haber* para formar el pretérito perfecto. Insista en la sintaxis (no se pueden separar el auxiliar y el participio) y en la diferencia entre *tener (poseer)* y *haber (verbo auxiliar)*.
Explique a sus alumnos que el pretérito perfecto se usa, por ejemplo, para períodos de tiempo todavía no cancelados, es decir, *hoy, esta semana, este año*. También se utiliza con adverbios de frecuencia como *alguna vez, muchas veces, nunca*, es decir cuando el momento exacto no desempeña función alguna.

3 Hoy ha sido un día normal...

Objetivo: Fijación del pretérito perfecto.
Procedimiento: Invite a sus alumnos a leer y completar las frases. En el cuadro azul que han completado anteriormente encuentran las formas que necesitan. Haga una puesta en común para comprobar los resultados. En cadena cada alumno lee una frase.

4 Una cadena.

Objetivo: Práctica oral guiada del pretérito perfecto.
Procedimiento: Con el objetivo de practicar la formación del pretérito perfecto, proponga a los alumnos que en cadena mencionen, según el modelo, una actividad que han (no han) realizado esta semana.

5 Una encuesta.

a) En parejas.
Objetivo: Fijación del pretérito perfecto. Presentación de algunas expresiones de frecuencia.
Procedimiento: Los alumnos trabajan de dos en dos. Uno formula preguntas basándose en las actividades mencionadas en el cuadro y marca con una cruz las respuestas del otro en la columna correspondiente *(muchas veces, algunas veces, etc.)* Luego el otro hace lo mismo con las actividades de la página 121.
El ejercicio consiste en formular correctamente las preguntas. La respuesta puede limitarse a contestar con *sí, no* con expresiones de frecuencia.

b) ¿Hay alguna situación...?
Objetivo: Práctica de la tercera persona del pretérito perfecto. Presentar la negación *no – nunca*.
Procedimiento: Dé la oportunidad a cada alumno de contar a la clase una situación que no ha vivido nunca su compañero según la encuesta anterior. Insista en que el adverbio *nunca* puede colocarse antes o después del verbo. Pero en este último caso es necesario un *no* antes del verbo.

6 Problemas con el coche.

a) Una situación desagradable. 🔊 2;19
Objetivo: Comprensión auditiva selectiva.
Procedimiento: Explique a sus alumnos que van a escuchar una situación en la autopista. Aclare las palabras *avería* y *grúa* y ponga la audición (CD 2, track 19). Deje suficiente tiempo para que los alumnos puedan marcar la respuesta correcta. Después, repita la audición y, finalmente, haga una puesta en común en el pleno.
Solución: 1. una avería 2. en dirección a Alicante 3. la grúa.

b) ¿Ha tenido alguna vez problemas con el coche?
Objetivo: Fijación del uso del pretérito perfecto.
Procedimiento: Pida a algunos alumnos que cuenten si han tenido alguna vez un problema con el coche en su país o en el extranjero. No espere contestaciones muy detalladas, basta con que el alumno diga: *He tenido una vez un accidente / una avería en...* Si quieren contar más detalles, pueden hacerlo en su lengua materna.

7 **Hoy es sábado.**

Objetivo: Fijación del pretérito perfecto y del contraste entre el presente y el perfecto.

Procedimiento: Recuerde a los alumnos que cuando informamos sobre el pasado relacionándolo con el momento que estamos hablando aplicamos el pretérito perfecto y usamos expresiones temporales como *hoy*, *este sábado*, etc. Pida que según el modelo digan qué hace Marina normalmente y qué ha hecho hoy.

Tal vez puede dejarles unos minutos para que escriban las frases. Luego haga una puesta en común en la que cada alumno lee una frase.

C. Salir de la rutina

Objetivos:
- Entender información escrita de materiales auténticos (folletos turísticos)
- Hablar sobre planes y actividades futuras

Recursos:
¿Me puede decir cuándo / dónde / si…? ¿Es posible reservar entradas para… / hacer fotos en… / ir en metro a…? ■ *¿Cuánto tiempo dura la visita? ¿Hay descuento para…?* ■ *¿Qué vas a hacer este fin de semana? El sábado por la mañana voy a…*

Gramática:
- El uso de *ir a* + infinitivo

1 **Para salir de la rutina, Barcelona ofrece muchas posibilidades.**

Objetivo: Comprensión lectora selectiva. Entender información básica sobre ofertas de actividades de tiempo libre.

Para empezar: Pregunte a los alumnos qué tipo de actividades del tiempo libre asocian con las fotos *(museo, concierto, excursión, etc.)*

Procedimiento: Dígales que se trata de material auténtico que van a encontrar si visitan una ciudad española como turistas. Recuérdeles que no es necesario entender todo el vocabulario sino buscar la información que se necesita. Pídales que lean primero las preguntas y después busquen la información en los anuncios. Este procedimiento favorece la lectura selectiva. Por último, haga una puesta en común en el pleno para comprobar los resultados. Hágales ver

que las preguntas contienen recursos útiles que podrán utilizar en situaciones similares.

2 **En parejas. Usted quiere informarse sobre algunas de las ofertas de la página 77.**

Objetivo: Práctica de recursos útiles en situaciones turísticas.

Procedimiento: Remita a los alumnos otra vez a los anuncios del ejercicio anterior y pídales que los utilicen como punto de partida para esta tarea comunicativa. De dos en dos, siguiendo el modelo, un alumno se informa sobre alguna oferta y el otro contesta. Para evitar confusión al pasar las hojas, es aconsejable que cada uno escriba primero sus preguntas y solo entonces consultarán ambos la página de anuncios. Luego, a la inversa. Anímeles a improvisar, por ejemplo: *¿Es posible hacer fotos en el Museo de Arte Contemporáneo?*

En este caso, no encontrarán la información en el anuncio pero lo importante en realidad es saber formular las preguntas para informarse de algo. Recuérdeles que pueden contestar con *lo siento, no sé.*

3 **Un viaje a Barcelona.**

a) Escuche esta conversación telefónica. 🎧 2; 20

Objetivo: Comprensión auditiva selectiva. Introducción de los recursos para hablar de planes y proyectos.

Procedimiento: Comente a sus alumnos que van a escuchar una conversación telefónica en la que se mencionan algunas actividades de los anuncios de la página anterior. Primero ponga toda la audición (CD 2, track 20). Deje suficiente tiempo para que los alumnos escriban de qué lugares se habla.

Solución: 1. Acuario, 2. Restaurante Cal Pinxo, 3. Bús turístic, 4.Visita del puerto en barco.

b) ¿Qué van a hacer en Barcelona?

Objetivo: Introducción del futuro próximo *(ir a + infinitivo)*

Procedimiento: Recuerde a los alumnos el verbo *ir* que conocen de la unidad 3 y explíqueles que la constucción *ir a* seguido del infinitivo se utiliza para hablar de planes y proyectos en un futuro.

Después, ponga otra vez la audición y pídales que tomen notas de los planes que tiene la familia en Barcelona completando sus apuntes en a). Luego haga una puesta en común en la que los alumnos mencionan los planes usando el futuro próximo *(Van a alojarse en un hotel. Van a visitar el Acuario, etc.)*

 **4** **Y usted, ¿qué va a hacer el próximo fin de semana?**

Objetivo: Práctica personalizada de los recursos para hablar de planes.

Procedimiento: Deje suficiente tiempo para que cada alumno piense sobre sus planes para el fin de semana. Para ello, pueden utilizar las sugerencias del libro o bien inventar otras. Ayúdeles con el vocabulario. Luego los alumnos se levantan y cada uno hace una entrevista a dos compañeros sobre sus planes para el fin de semana. Toman notas en las fichas. Por último algunos alumnos cuentan en el pleno los planes de sus compañeros.

Al final **Cinco en raya.**

Objetivo: Práctica del pretérito perfecto en un contexto auténtico y repaso de los recursos presentados en la unidad.

Procedimiento: Explique primero el juego que tradicionalmente se llama "tres en raya". Haga el siguiente esquema en la pizarra:

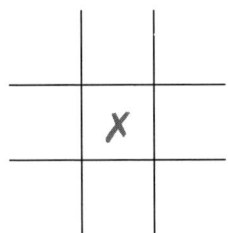

Explique a los alumnos que el objetivo del juego es conseguir tres posiciones en línea, ya sea en horizontal vertical o diagonal. Cada jugador coloca una cruz alternativamente hasta que uno de los dos gana o se acaba en empate.

En nuestro caso se modifican un poquito las reglas del juego: se trata de conseguir 5 casillas con las respuestas positivas de los compañeros a la información en ellas contenidas.

Prepare la actividad aclarando el vocabulario desconocido (p.ej. *mentira, volver, receta, deporte, celebrar*) y pídales que hagan algunas preguntas en voz alta para comprobar si han entendido como funciona el juego. Después, los alumnos se levantan para preguntar a un compañero si ha hecho una de las actividades este mes. Si la respuesta es positiva, escribirán el nombre del compañero debajo de la actividad y seguirán preguntando – siempre con el objetivo de conquistar 5 casillas vecinas. Si la respuesta es negativa, deben dirigirse a otro compañero. Gana el que logre completar primero una línea (horizontal, vertical o diagonal).

Revuelto

1 Un paseo por el centro de Madrid.

Objetivos: Repasar los contenidos de las tres lecciones anteriores. Conocer algunos aspectos de la ciudad de Madrid.

Procedimiento: Divida la clase en grupos de tres o cuatro personas. Pídales que lean las reglas del juego en su lengua materna en la página 249. Cada grupo necesita un dado (o una moneda) y cada jugador un peón (por ejemplo, otra moneda). Los jugadores colocan sus peones en el número 1 (Puerta del Sol). Juegan por turnos en el sentido de las agujas del reloj y mueven sus peones según los puntos obtenidos. Si juegan con una moneda, "cara" significa que pueden avanzar una casilla y "cruz", tres casillas. Cada jugador lee la actividad propuesta e intenta buscar la solución en español. A veces pueden usar un recurso tal y como lo han visto en una de las unidades anteriores, otras veces gozarán de mayor libertad para expresarse. Los compañeros deciden: Si la tarea ha sido bien resuelta, el jugador puede quedarse en la casilla. De lo contrario, debe retroceder al lugar en el que se encontraba anteriormente.

Para llegar a la última casilla, hay que obtener el número exacto (por ejemplo, desde la 10, un tres si se juega con el dado, o cruz si se juega con una moneda). Una vez aquí, gana el jugador que pueda resolver la pregunta. Según el interés de los alumnos, una vez finalizado el juego puede dar algunas informaciones sobre los lugares mencionados.

1. Puerta del Sol: La Puerta del Sol es el centro tradicional de Madrid. Aquí, en el 'kilómetro cero', comienzan todas las carreteras de España. El nombre viene de una de las puertas de la antigua ciudad desaparecida en el siglo XVI que daba hacia Oriente, es decir, a la salida del sol. Aquí se encuentra la antigua Casa de Correos, uno de los edificios más característicos de Madrid, cuyo reloj emite las campanadas cada año nuevo; hoy es sede de la Presidencia de la Comunidad de Madrid. También encontramos la estatua del oso y el madroño, realizada en 1967, que es otro de los símbolos de Madrid. Alrededor de la Puerta del Sol existen muchos comercios y lugares de interés como la Plaza Mayor, la plaza de Santa Ana, la Gran Vía o Callao.

2. El Corte Inglés: Su actividad está encuadrada en la de gran almacén, con estructura por departamentos, diversidad de artículos, atención personalizada y múltiples servicios a disposición de los clientes. Se encuentra en varias ciudades españolas. Otras empresas del grupo son: Hipercor (hipermercados), Telecor (servicios de telecomunicación móvil, telefonía básica, etc.), Sfera (cadena de tiendas de moda), etc.

3. Chocolatería de San Ginés: Fue fundada en 1890 en uno de los pasajes más antiguos de Madrid. Su ubicación junto al Teatro Eslava y su apertura hasta altas horas de la noche le han proporcionado durante muchos años una numerosa clientela que tomó por costumbre ir a degustar su chocolate con churros después de cada función. Hoy en día sigue siendo un local muy frecuentado y es considerado como uno de los establecimientos más tradicionales del ramo, ya que aunque se han realizado algunas reformas, todavía se conserva parte de su decoración y antiguo mobiliario.

4. Campo del Moro: Los jardines del Palacio Real llamados Campo del Moro tienen su origen en la época de Felipe II (1556–1598), aunque su aspecto actual data de 1890.

5. El Teatro Real: El Teatro Real o de la Ópera fue inaugurado por la Reina Isabel II en 1850. Cerrado durante muchos anos al acabar la Guerra Civil y desde 1966 sala de conciertos, el Real no volvió a abrir sus puertas hasta octubre de 1997, tras ser sometido a una remodelación que lo convirtió en uno de los mejores teatros de ópera del mundo.

6. Plaza de Oriente: Situada frente al Palacio Real, la Plaza de Oriente fue una creación de José Bonaparte. La estatua ecuestre de Felipe IV que preside la plaza fue trasladada desde El Retiro hasta la Plaza de Oriente en 1843. Esta estatua está basada en el retrato que Velázquez realizó al monarca.

7. Palacio Real: El Palacio Real o Palacio de Oriente es la residencia oficial de Su Majestad el Rey de España, que lo emplea en las ceremonias de Estado, aunque no vive en él.

El Palacio fue construido en el lugar donde estaba el Alcázar que fue destruido por un incendio en la Nochebuena de 1734. Toda la construcción se hizo abovedada, en piedra y ladrillo, sin madera, para que ningún incendio pudiera destruirlo. Las obras se realizaron entre 1738 y 1755, y el primer rey que lo habitó fue Carlos III.

8. Plaza de la Villa: Se llamó en su origen de San Salvador, por la iglesia de este nombre que se alzaba en la Calle Mayor y en cuyo pórtico se celebraron durante mucho tiempo las sesiones del Ayuntamiento. La plaza data del siglo XV, y fue ensanchada en un par de ocasiones hasta adquirir su aspecto actual.

9. Mercado de San Miguel: Fue construido entre 1913 y 1916 por el arquitecto Alfonso Dubé y Díez en la plaza donde antes se celebraba la tradicional venta de comestibles al aire libre. Este mercado es el único representante que queda en la ciudad de la llamada arquitectura del hierro.

10. Restaurante Botín: Fundado en 1850, se le puede considerar el restaurante más antiguo de Madrid.

12. Plaza Mayor: Muy cerca de la Puerta del Sol, en el barrio conocido como "Madrid de los Austrias" se encuentra la Plaza Mayor, construida por Felipe III. Los edificios más representativos son la Casa de la Panadería, adornada con frescos en su fachada, y frente a ella la Casa de la Carnicería, hoy ocupada por dependencias municipales. Antiguamente, esta plaza cumplía la función de mercado pero hoy día es punto de encuentro de madrileños y turistas ya que hay allí también varios bares y tabernas. La última remodelación, a cargo de Juan de Villanueva, fue terminada en 1853 y dio a la plaza el aspecto cerrado actual con ocho arcos de entrada.

Escuchar y comprender

2 **La comprensión auditiva.**

Objetivo: Reflexionar sobre el proceso de aprendizaje, en este caso tomar conciencia de las diferentes estrategias de comprensión auditiva.

Procedimiento: Se trata sobre todo de hacer tomar conciencia a los alumnos de que hay diferentes estrategias de comprensión auditiva. El alumno debe sobre todo superar la sensación de miedo ante una actividad de comprensión auditiva, ya que muchas veces tiene falsas expectativas y cree que debe enderlo todo.

Propóngales las siguientes situaciones en las que deberán decir qué tipo de informacion es importante en cada caso y, en consecuencia, qué manera de esuchar será la adecuada.

- un informe metereológico (comprensión selectiva: no se debe entender que un anticiclón situado sobre las Azores se extiende por la península Ibérica, sino cómo será el tiempo mañana en las diferentes regiones de España.)
- una información de tráfico (comprensión selectiva: sólo interesa comprender si hay atasco sobre la autopista que se transita)
- un reportaje sobre el turismo en las Canarias (comprensión global: de acuerdo al propio interés)
- un chef de cocina presenta una receta (comprensión detallada: si quiere probar la receta)

Explíqueles que los siguientes ejercicios de comprensión auditiva pretenden ayudarles a entender las distintas formas de escuchar con ejemplos concretos. Después de cada audición, déjeles tiempo para leer el texto aclaratorio que acompaña al ejercicio y para comentar juntos las diferentes experiencias. Aclare que el objetivo es la experiencia "auditiva" en sí (y la consecuente reflexión sobre ella), no controlar lo que se ha entendido.

a) En el aeropuerto. 🎧 2; 21
Objetivo: Comprensión auditiva selectiva (obtener una información específica).
Procedimiento: Pida a los alumnos que miren la foto y pregúnteles qué tipo de mensajes se escuchan habitualmente por los altavoces en un aeropuerto (pueden ser llegadas). Hágales tomar conciencia de que en este tipo de situaciones se trata de escuchar una información específica (puerta de embarque, línea aérea, destino) y descartar el resto. Ponga la audición (CD 2, track 21) y, por último, pregunte en el pleno a qúe puerta de embarque se tienen que dirigir (B 29).

b) ¿Para ir a...? 🎧 2; 22
Objetivo: Comprensión auditiva detallada (la descripción de cómo ir a un lugar).
Procedimiento: Dígale a los alumnos que tengan en cuenta que escuchar es una actividad complicada, también en la lengua materna. Por ejemplo, en este ejercicio deberán escuchar los detalles ya que de lo contrario no podrán llegar a la fiesta. Sin embargo, la memoria sólo es capaz de retener una cantidad muy limitada de información. Afortunadamente, se trata de un mensaje de un contestador automático, es decir, que se puede volver a escuchar todas las veces que sea necesario. Ponga la audición

(CD 2, track 22) varias veces, pídales que vayan tomando notas. Por último, pídale a un alumno que con la ayuda del resto de la clase, dibuje el plano del camino en la pizarra.

c) Un pueblo interesante. 2; 23
Objetivos: Comprensión auditiva global.
Procedimiento: Remita a los alumnos a la foto con el fin de despertar el interés por escuchar la audición. Dígales que intenten buscar algunas informaciones interesantes sobre este pueblo en España. Se trata de desarrollar estrategias de comprensión auditiva y no de evaluar cuánto se comprende. Ponga la audición (CD 2, track 23). Al final, proponga a las alumnos que en parejas intercambien las informaciones que han podido retener.

Leer en español

3 Comer en México.

a) El tema del texto.
Objetivo: Preparación de la lectura del texto que sigue a continuación.
Procedimiento: Escriba las palabras *tequila, sangría, chile, tacos, agave, picante* en la pizarra. Pregunte a sus alumnos si se pueden imaginar cuál es el tema del texto. A continuación pregunte qué cosas son típicas de España y cuáles no y si alguien ha comido alguna vez comida mexicana o si saben que suelen comer los mexicanos.

b) Lea ahora el texto y...
Objetivo: Comprensión lectora global.
Procedimiento: Lea usted el texto en voz alta; con la entonación y la referencia a las fotos (tequila, tacos, frijoles y agave) los alumnos lo entenderán mejor. A continuación, pídales que lean el texto individualmente y que coloquen las frases en el lugar correcto. Esta tarea les obligará a leer el texto con atención y a fijarse en el contenido sin dejarse distraer por vocabulario desconocido. Antes de profundizar en el texto, trate el ejercicio c).

c) Un título para el texto.
Objetivo: Comprensión lectora global.
Procedimiento: Pida a los alumnos que propongan un título adecuado para el texto. Este ejercicio dirige la atención de los alumnos hacia lo esencial y pueden conseguir hacerlo sin entender todos los detalles del mismo. Escriba los títulos en la pizarra y si quieren, entre todos pueden votar cuál es el más bonito u original.
A continuación, los alumnos preguntan las palabras que no han entendido. Limite el número a dos o tres

por persona, así están obligados a diferenciar entre palabras esenciales para la comprensión del texto y otras menos importantes.

ℹ Información:
El tequila: Es una bebida de alto contenido alcohólico. Se bebe en vasitos pequeños y se acompaña con una rodaja de limón y un poquito de sal. Generalmente, se toma como aperitivo y se sirve con alguna "botana" (que es algo equivalente a las tapas españolas), como, por ejemplo, champiñones en escabeche.
Las tortillas: Están hechas de harina de maíz especial, que antes ha sido tratada con cal, y un poco de agua. Se sirven con cada comida. Rellenas y enrolladas se llaman tacos. Las quesadillas se doblan.
Los frijoles: Hay muchas variedades y los que se comen en México generalmente son negros. Son un tipo de judías.

d) ¿Y la cocina alemana?
Objetivos: Producción escrita. Contrastar costumbres.
Procedimiento: Pida a los alumnos que escriban – en pequeños grupos – una carta explicando lo que se suele comer y beber en su país utilizando los recursos de la Unidad 5. Por ejemplo: *De primero tomamos una sopa o ensalada y de segundo carne o pollo con patatas. Mucha gente no toma postre. Aquí se bebe mucha cerveza. Un plato típico de la región son los "Spätzle". Es una pasta de harina, huevos y agua. Se comen con queso y una cerveza.* Ayúdeles con el vocabulario. Luego, en clase pida a algunos voluntarios que lean la carta en voz alta.

Actuar y comunicar

4 Autoevaluación.

Objetivo: Tomar conciencia de los conocimientos adquiridos hasta el presente.
Procedimiento: Como se trata de una actividad individual, puede pedir a los alumnos que la preparen en casa. Coménteles que el propósito de esta tarea es permitirles comprobar sus progresos y no evaluar su rendimiento. Anímeles a escribir una frase para cada ítem y haga una puesta en común en el pleno.

Relaciones personales

Página introductoria

Objetivo: Preparar el tema de la familia por medio de un anuncio auténtico que representa un árbol genealógico.

Procedimiento: Para introducir el tema pida a sus alumnos que observen la publicidad de Movistar, que es la filial de Telefónica para el sector de la telefonía móvil. Aclare las dudas de vocabulario. Dígales que *colega* en español puede ser un compañero de trabajo pero también es sinónimo de amigo (lenguaje coloquial) y cuando se habla del *curro* (lenguaje coloquial), se trata del trabajo.

A continuación, formule las preguntas a pie de página y pida a algunos alumnos que respondan.

Sugiera a los alumnos que hagan un árbol similar de sus amigos / colegas, etc. y aclaren al vecino quiénes son. De esta forma, repasarán también el vocabulario de las primeras unidades: nombre, lugar, profesión, gustos…

A. ¿Quién es quién en la familia?

Objetivos:
- Hablar de la familia (vocabulario: relaciones personales y de parentesco)
- Los apellidos

Recursos:
¿Tiene/s hermano/s? / Sí, un hermano y una hermana. ■ *¿Conoces a…? Sí / No, no lo / la conozco. ¿Quién es…? Es mi / padre / madre / primo…*

Gramática:
- Los verbos irregulares con *zc* en la primera persona del singular *(conocer)*
- El uso de la preposición *a* para introducir el complemento directo de persona

1 Una novela policíaca.

a) Esta es la primera página…
Objetivo: Introducir el vocabulario para hablar de las relaciones de parentesco.
Procedimiento: Explique a los alumnos que las palabras en cursiva se refieren a relaciones de parentesco. Buscando la posición de la persona en el árbol genealógico, los alumnos pueden deducir el significado. Ayúdeles leyendo usted las frases en voz alta mientras ellos identifican a las personas.

b) ¿Cómo se dice en español?
Objetivo: Deducir significados.
Procedimiento: Deles a sus alumnos suficiente tiempo para buscar en el texto la traducción de las palabras dadas en alemán. Corrija en el pleno.

c) ¿Puede inventar...?
Objetivo: Práctica lúdica de vocabulario.
Procedimiento: Por último, anime a los alumnos a inventar un título para la novela. Escriba los títulos en la pizarra y entre todos decidirán cuál es el más original.

2 Mire otra vez el árbol genealógico...

Objetivo: Familiarizarse con las diferencias en cuanto a los apellidos en España.
Procedimiento: Anime a sus alumnos a descubrir cómo funcionan los apellidos en España y en algunos países de Latinoamérica.
Se utilizan dos apellidos (el primero es el primer apellido del padre, y el segundo, el primero de la madre).
Las mujeres conservan sus apellidos después de casarse.
El hijo de Ana y Roberto se llamaría Albiol Cruz.

3 La familia de los compañeros.

a) Usted quiere saber algo de...
Objetivo: Práctica interactiva personalizada del vocabulario relativo a las relaciones familiares.
Procedimiento: Para practicar el vocabulario relativo a las relaciones familiares, invite a sus alumnos a pasear por la clase y formular las preguntas del cuadro a dos compañeros. Llame su su atención sobre el papelito marrón para explicar el significado de *padres* y *hermanos*.

b) Comparen sus resultados.
Objetivo: Hablar de la propia familia
Procedimiento: Pídales ahora que se sienten en grupos de tres y comparen los resultados. Luego, algunos alumnos presentan en el pleno los resultados del grupo diciendo, por ejemplo, quién tiene más hermanos, quién vive con sus padres, etc. Para ello, deben usar la tercera persona del singular.

4 Lea las frases del cuadro.

Objetivo: Introducir el paradigma del verbo *conocer* y la preposición *a* con complemento directo de personas.
Procedimiento: Pida a los alumnos que lean las frases del cuadro y ayúdeles a deducir que la preposición *a* puede acompañar al complemento directo y se utiliza delante de sustantivos o nombres propios que designan personas. Recuérdeles que ya conocen algunas usos de esta preposición. Por ejemplo:
a) cuando se indica dirección: *voy a...*

b) cuando acompaña al objeto indirecto: *A Pepe le gusta...*
c) cuando se indica la forma de preparar un plato: *a la plancha...*
Además, hágales observar que la primera persona del presente de conocer es irregular en *–zc-*.

5 Una cadena. Pregunte a su vecino...

Objetivo: Práctica oral guiada del complemento directo con o sin la preposición *a*.
Procedimiento: En una cadena, los alumnos formulan preguntas como en el modelo a su vecino y si quieren, pueden agregar algunas más.

6 Los miembros de familia.

a) En parejas. Anote los nombres de...
Objetivo: Pedir y dar información con respecto a los miembros de la familia.
Procedimiento: Aquí se trata de una práctica interactiva personalizada en parejas. Cada uno anota primero algunos nombres de miembros de su familia. Después, A pregunta a B (y luego a la inversa), qué relación familiar tiene con las personas. Así irá surgiendo el árbol genealógico de cada uno.
Y además: La persona que está dibujando el árbol puede hacer preguntas sobre los familiares del compañero, p. ej.: *¿Es mayor o menor que usted? ¿Qué profesión tiene? ¿Dónde vive?*

b) Presente ahora a....
Objetivo: Hablar de la familia del compañero.
Procedimiento: Dé oportunidad a algunos alumnos de presentar en el pleno a la familia de su compañero. También puede formar dos o tres grupos y una persona presenta su familia al grupo.

Unidad 9

B. La familia de hoy

Objetivos:
- Expresar posesión
- Expresar alegría / tristeza / incredulidad

Recursos:
¿De verdad? ¡Qué bien! ¿En serio? ¡Qué suerte! ¡No puede ser! ¡Cuánto me alegro! ¡No me digas! ¿Qué me dices? ¡Qué pena! ¡Increíble! ¡Qué lástima! ¡Dios mío! ¡Cuánto lo siento!

Gramática:
- La morfología y uso de los posesivos
- Los relativos *que* y *donde*

1 Los posesivos.

a) Carmen, una niña... 2; 24
Objetivo: Comprensión auditiva detallada. Introducción de los posesivos en un texto auténtico. Repasar vocabulario de las relaciones familiares.
Procedimiento: Invite a sus alumnos a mirar el dibujo y a especular sobre las relaciones familiares de las personas (papá, mamá, hermana, hermano, etc.) Ponga la audición (CD 2, track 24), los alumnos escuchan y van leyendo el texto. Luego, deles un poco de tiempo para que identifiquen a los miembros de la familia de Carmen y escriban, por ejemplo, los nombres debajo de las personas del dibujo. Pídales que comparen de dos en dos los resultados. Por último, haga una puesta en común en el pleno.

b) Complete el cuadro con los posesivos...
Objetivo: Sistematizar los posesivos.
Procedimiento: Con ayuda del texto y siguiendo el principio de analogía, se rellena la tabla. Los posesivos en español se refieren siempre al objeto que se posee y no, como en alemán, al poseedor. De ahí los diferentes significados de *su / sus*.
Recuerde a los alumnos que, en español, sólo las formas *nuestro/-a* y *vuestro/-a* tienen marcas de género.
Y además: Los alumnos suelen confundir el pronombre personal y el adjetivo posesivo. Esta tabla les puede ayudar:

wer?	nosotros/-as *(wir)*
	vosotros/-as *(ihr)*
wessen?	nuestro/-a/-os/-as *(unser/e)*
	vuestro/-a/-os/-as *(euer/e)*
wen / wem?	nos *(uns)*
	os *(euch)*

c) Complete el texto con los posesivos.
Objetivo: Repasar los posesivos.
Procedimiento: Deje tiempo para que los alumnos completen individualmente el texto con los posesivos. Haga luego una puesta en común en el pleno. En cadena cada alumno lee una frase.

2 Los pronombres relativos 'que' y 'donde'

a) ¿Qué significa 'que' y 'donde'...?
Objetivo: Introducir los relativos *"que"* y *"donde"*
Los alumnos leen las frases en voz alta y traducen el significado de que y donde en cada frase. Así, verán las funciones que pueden desempeñar los relativos en la oración. Dígales que es muy fácil si parten del alemán.

b) Combine las frases con 'que' o 'donde'.
Objetivo: Fijar el uso de los relativos.
Procedimiento: Pídales que combinen individualmente por escrito las frases y una vez que hayan terminado algunos alumnos pueden leerlas en voz alta.

3 Informe sobre la familia española.

a) Estas palabras aparecen en...
Objetivo: Actividad de preparación para introducir un texto.
Procedimiento: Presente una transparencia con las palabras en alemán dadas en el ejercicio o escríbalas en la pizarra. Explíqueles que estas palabras aparecen en el texto que van a leer y anímeles a hacer suposiciones sobre el contenido del mismo. De este modo, logrará despertar el interés de los alumnos por el texto.

b) ¿Cómo se dice en español?
Objetivo: Comprensión global de un texto auténtico de periódico. Deducir palabras por el contexto.
Procedimiento: Primero, lea usted el texto en voz alta. Después, dígales a los alumnos que lo lean individualmente y que busquen la traducción de las palabras alemanas. A continuación, discuta con los alumnos en el pleno qué palabras les han ayudado más para entender el texto, cuáles les han resultado más fáciles o más difíciles. Por último, sugiérales que comparen los resultados con el compañero.

c) ¿Qué titulares corresponden al artículo?
Objetivo: Comprensión lectora global.
Procedimiento: El objetivo de este ejercicio es el de practicar la lectura global. Para encontrar el titular correspondiente, los alumnos deberán hacer una lectura rápida del texto y buscar en él la información correspondiente. Pídales que lean los titulares. Aclare las dudas de vocabulario. Después dígales que eli-

jan el que les parezca que refleje mejor el contenido del texto. Pídale a algunos alumnos que argumenten su decisión.

d) ¿Le sorprende la información…?
Objetivo: Práctica oral interactiva personalizada.
Procedimiento: Pida a los alumnos que vuelvan a leer el texto y que comparen la situación con la de su país buscando semejanzas y diferencias. Establezca una charla dando oportunidad a cada uno de expresar sus opiniones. Evite la fórmula *me sorprende que* ya que todavía no conocen el subjuntivo. Escriba en la pizarra el siguiente modelo: *(Creo que) en mi país hay más / menos…*
Esta actividad puede servir también para repasar la comparación.

4 Un álbum de fotos.

a) Escuche y relacione los diálogos con las fotos 🎧 2; 25–28
Objetivo: Comprensión auditiva global.
Procedimiento: Antes de escuchar la audición, diga a los alumnos que en esta primera fase deben limitarse a encontrar la foto adecuada y concentrarse en el tono de los locutores para poder apreciar el sentimiento que expresan (formas de expresar alegría, tristeza o sorpresa).
Ponga la audición (CD 2, tracks 25–28) y deje suficiente tiempo para que los alumnos relacionen los diálogos con las fotos. Pídales que digan en voz alta en qué situación reaccionan las personas con alegría o tristeza.

b) Escuche otra vez…
Objetivo: Comprensión auditiva selectiva.
Procedimiento: Recuerde a los alumnos que van a aprender expresiones que les ayudarán a que la conversación resulte más fluida y natural.
Los alumnos vuelven a oír el texto y marcan las expresiones que han escuchado.
Proponga usted algunas frases y motive a los alumnos a reaccionar adecuadamente. Por ejemplo, prepare tarjetitas con frases como las siguientes: *¿Sabes una cosa? Don Felipe de Borbón y Letizia Ortiz van a tener un niño. / ¿Sabes que el 36 % de los españoles cena entre las 20 y 21 h? / No sabes cómo lo siento, pero me va a ser imposible ir al cine esta noche. / Por cierto, ¿sabes que me mañana es mi cumpleaños?*
Luego, las reparte entre los alumnos. Un alumno lee su tarjeta y el otro reacciona y luego, al revés.

5 En parejas. Inventen una frase…

Objetivo: Práctica escrita y oral de los recursos aprendidos anteriormente.

Procedimiento: En parejas, pídales que imaginen y escriban en los bocadillos lo que habrá dicho el interlocutor para provocar las reacciones dadas. Luego, algunos alumnos representan los minidiálogos acompañando sus frases con gestos.

C. Entrar en contacto

Objetivos:
- Describir el aspecto físico y el carácter de una persona
- Identificar a una persona

Recursos:
El / la / los / las del pelo largo / negro… ■ *Es gordo/-a / delgado/-a / simpático/-a.* ■ *Lleva gafas / bigote.* ■ *Tiene el pelo corto / largo / los ojos azules…*

Gramática:
- El uso de *ser, llevar* y *tener* para describir personas
- El uso de *ser* y *estar* + adjetivo

1 Una foto.

a) Nuevos amigos.
Objetivo: Presentar los recursos para identificar a una persona.
Procedimiento: Anime a los alumnos a mirar la foto y a especular sobre el posible contenido de la carta. Lea usted primero la carta en voz alta. Luego pida a los alumnos que lean el texto individualmente. Después, haga el siguiente esquema en la pizarra y vaya completando con la ayuda de los alumnos:

Nombre	Aspecto físico o ropa	carácter	Posición en la foto
Juan	jersey rojo y negro		al lado de Antonia
Gloria	pelo largo y negro		al lado de Juan
Björn	rubio / barba de cuatro días		al lado de Gloria
Guadalupe	gordita /	con mucho temperamento simpática / inteligente	delante de Antonia
Olaf	camiseta a rayas		al lado de Guadalupe

Julia		dinámica / siempre de buen humor	en el centro
Andrés		tímido y serio	al lado de Julia

Al leer la carta, los alumnos se darán cuenta de que deben partir siempre de la persona que la escribe, es decir, Antonia, para ubicar a los demás. Hágales notar que para identificar personas o cosas se usa el artículo determinado *de* + elemento identificador (aspecto físico, prenda de vestir, lugar…). Ya que en otros idiomas se usa otra preposición para identificar, es importante que los alumnos se fijen en la preposición *de*.

b) ¿Correcto o falso?

Objetivo: Comprensión detallada. Repasar los recursos para identificar a una persona.
Procedimiento: Remita a sus alumnos otra vez al texto y pídales que marquen las frases correctas con una cruz en la casilla. A continuación, proponga que, en parejas, comprueben los resultados. Por último, se puede hacer una puesta en común en el pleno y, si quiere, se pueden corregir las frases falsas. Dígales que en español se usan los diminutivos para matizar una característica considerada negativa, por ejemplo, *gordito, bajito*, etc., como los ejemplos que da Olivia.
Solución: Frases correctas: 2, 3, 4, 5

c) Complete con las expresiones…

Objetivo: Sistematizar el uso de *llevar* y *tener*.
Procedimiento: Los alumnos completan primero el cuadro. Se trata de antónimos en las dos primeras columnas, ya que así se memorizan mejor. Hágales notar la diferencia entre *llevar* para características temporales (*lleva gafas / sombrero,* etc.) y *tener* para características permanentes: *tiene el pelo rubio*, pero *lleva el pelo corto*.

2 Dibujos con 11 diferencias.

Objetivos: Practica interactiva oral de los recursos para describir e identificar a una persona.
Procedimiento: Deje tiempo suficiente para que los alumnos, en parejas, marquen las 11 diferencias del dibujo. Luego, en el pleno pida a algunos alumnos que mencionen las mismas siguiendo el modelo del libro.
Solución:
1. El señor calvo del centro (o de la chaqueta marrón) lleva gafas / no lleva gafas.
2. La señora morena de la izquierda lleva un vestido rojo / verde.
3. La misma señora tiene una copa / una taza de café en la mano.
4. La señora del pelo largo (o del vestido verde) lleva zapatos rojos / verdes.
5. El señor de la barba (o de la izquierda) lleva una corbata roja / amarilla.
6. El señor del bigote lleva una chaqueta un poco ancha / estrecha.
7. El de la guitarra no lleva sombrero/lleva sombrero.
8. La señora rubia (de la derecha) lleva un vestido corto / largo.
9. La misma señora no lleva gafas / lleva gafas.
10. La señora morena de la blusa a cuadros (o de la derecha) tiene el pelo corto / largo.
11. La señora de la derecha tiene el pelo corto / largo.

3 Ser y estar.

a) Una entrevista de trabajo 🔊 2; 29
Objetivo: Comprensión oral selectiva. Introducir recursos para dar datos personales.
Procedimiento: Explique que van a escuchar una entrevista de trabajo y que deben concentrarse en los datos personales del candidato para completar la primera parte de la ficha. Ponga la audición (CD 2, track 29) y deje suficiente tiempo para que los alumnos completen los datos.

b) Complete el informe…

Objetivo: Sistematizar los usos de *ser* y *estar*.
Procedimiento: Deje escuchar otra vez la audición y después pida a los alumnos que completen el informe. Los ejemplos del cuadro a pie de página les recuerdan el uso de *ser* y *estar*. Después, se comparan los resultados en el pleno.
Hágales notar que cuando *ser* y *estar* se construyen con adjetivo, la elección entre uno y otro verbo depende del significado que el hablante quiera dar a la frase: *Luis es simpático.* (característica duradera) *Luis está simpático.* (característica momentánea)

4 Describa a una persona…

Objetivo: Práctica individual escrita de los recursos para describir a una persona.
Procedimiento: Proponga a los alumnos escribir algunas frases para describir o caracterizar a un compañero. Luego, uno lee su descripción y los otros intentan adivinar a quién se refiere. El que adivina, lee la suya.
Alternativa: Los alumnos escriben su descripción en un papel. Luego, se recogen los papeles y se reparten otra vez. Al final, los alumnos leen la des-

cripción que han recibido e identifican a la persona descrita.

5 ¿Se acuerda de la novela policíaca?

Objetivo: Comprensión escrita detallada.
Procedimiento: Ahora los alumnos pueden identificar al asesino de la novela policíaca del bloque A de la página 86 con ayuda de la descripción.
Solución: *El asesino es Roberto Albiol Rodríguez.*

6 Punto de encuentro.

Objetivo: Compresión lectora selectiva.
Procedimiento: Pida a los alumnos que hagan una lectura rápida del texto de los anuncios y que marquen individualmente qué anuncios les interesan teniendo en cuenta las situaciones dadas. Luego, haga una puesta en común en el pleno para comprobar los resultados.

b) Elija uno de los anuncios y conteste.
Objetivo: Expresión escrita personalizada.
Procedimiento: Deje que cada alumno elija un anuncio y conteste por escrito no olvidando dar detalles sobre su persona. Dé la oportunidad a algunos alumnos de leer en voz alta lo escrito. Por último, pregunte a cada alumno a qué anuncio contestó. Recoja los resultados en la pizarra haciendo un palito por anuncio elegido De este modo, descubrirán qué anuncio ha tenido más éxito.
Además pida a algunos alumnos leer algunas cartas en voz alta.

 **Al final** Descripción de una persona.

a) Una biografía
Objetivo: Repasar los recursos aprendidos en la unidad.
Procedimiento: Pida a los alumnos que elijan una de las tres fotos y escriban una pequeña biografía caracterizando a una persona, incluyendo los recursos que han aprendido hasta ahora, es decir, describirla por su aspecto físico, carácter, edad, estado civil, etc. No deben referirse a los diferentes períodos de su vida puesto que en este caso deberían remitirse al pasado y aún no conocen los tiempos verbales necesarios. Ayúdeles con el vocabulario si es necesario.

b) ¿Quién es?
Objetivo: Práctica oral interactiva.
Procedimiento: Por último, deje suficiente tiempo para que por medio de preguntas al compañero descubran sobre quién ha escrito cada uno. Por ejemplo: *¿Cuántos años tiene?, ¿Dónde vive?,* etc.

Tiempo libre

Página introductoria

a) ¿Con qué frecuencia hace usted estas actividades en su tiempo libre?

Objetivo: Introducción de vocabulario relativo a actividades de tiempo libre

Para empezar: Anime a los alumnos a leer la lista de actividades y decir cuáles están representadas en las fotografías que rodean el cuestionario. Deles tiempo para aclarar las dudas de vocabulario.

Procedimiento: Los alumnos rellenan individualmente el cuestionario. Después, por ejemplo, en cadena, los alumnos mencionan algo que hacen regularmente, de vez en cuando o (casi) nunca, p.ej.: *Hago deporte regularmente, voy de vez en cuando al cine y no trabajo nunca en el jardín.*

b) ¿Cuáles de estas actividades ha hecho esta semana?

Objetivos: Fijación del vocabulario de tiempo libre y repaso del pretérito perfecto.

Procedimiento: Pregunte ahora individualmente a varios alumnos qué han hecho esta semana. Ellos contestan p.ej.: *He visto la tele y he ido de compras.* De esta forma, estarán repasando sin darse cuenta el pretérito perfecto.

A. ¿Qué están haciendo?

Objetivos:
- Describir una acción que en su desarrollo dura en el presente. (lo que se está haciendo)
- Describir un dibujo

Recursos:
¿Qué estás haciendo? Estoy tocando el saxofón ■ *primer(o) / segundo / tercer(o) / cuarto / quinto* ■ *No... sino*

Gramática:
- El uso del gerundio
- Los numerales ordinales

1 La casa Calle Claudio Cuello 13

a) ¿Qué está pasando...? 🎧 2; 30–37

Objetivo: Comprensión auditiva global.

Para empezar: Enseñe a sus alumnos brevemente el dibujo de la casa y explíqueles que van a escuchar ocho diálogos que tienen lugar en esta casa y que tendrán que identificar en qué piso se producen, poniendo el número del diálogo correspondiente.

Procedimiento: Ponga la audición (CD 2, tracks 30–37). Los alumnos escuchan y escriben el número del diálogo en el piso correspondiente. El léxico conocido y los ruidos les ayudarán. Van a escuchar por primera vez la forma del gerundio pero no les impedirá la comprensión. El objetivo es que los alumnos vayan interiorizando inconscientemente el uso del gerundio. Repita la audición si lo cree necesario. A continuación, se comparan los resultados en el pleno. Para ello, remita a los alumnos a la página siguiente. Con ayuda del esquema de los números ordinales podrán expresar mejor los resultados. Puede preguntar también qué les ha ayudado en cada caso a reconocer la situación. De esta forma seguirá concienciándolos de la técnicas de audición.

b) Mire la casa durante un minuto.
Objetivo: Repaso de vocabulario.
Procedimiento: Deles a sus alumnos un minuto para fijarse en las personas y objetos de la casa. A continuación, cierran el libro y tratan de nombrar la mayor cantidad de personas y objetos que recuerden.

También puede dividir la clase en tres o cuatro equipos y puede hacer de este ejercicio una competición. Cada equipo hace una lista de palabras y la lee en voz alta. Por cada palabra acertada, otorgue un punto.

2 El gerundio.

a) ¿Ha notado que en los diálogos hay una forma nueva?
Objetivo: Sistematización y práctica de la perifrasis *estar* + gerundio. Presentación de los números ordinales.
Procedimiento: Presente las formas de la construcción *estar* + *gerundio* y explique su función. Dígales que acaban de escucharlas. Para subrayar que una acción se produce durante el momento mismo del habla se utiliza *estar* + gerundio.

Vuelva a poner la audición con los diálogos de la casa (CD 2, tracks 30–37) y pida a los alumnos que apunten las formas que escuchen.

A continuación, los alumnos completan las frases sobre los habitantes de la casa con las formas correspondientes. En esta fase todavía no se comparan los resultados.

Pregúnteles si recuerdan qué significan las abreviaturas 1°, 2° y 3° (ya aprendidas en la Unidad 3) que aparecen en las frases y presente seguidamente el resto de los ordinales. Recuérdeles que los ordinales concuerdan en género y número con los sustantivos correspondientes (*el cuarto piso, la primera calle*) y que los ordinales *primero* y *tercero* pierden la *-o* delante de un nombre masculino singular: *el primer / tercer piso.*

ℹ Información:
En España cuando se escribe la dirección se pone no sólo el número del edificio sino también el del piso y la letra de la puerta porque no es costumbre poner el nombre en los porteros electrónicos, por ejemplo: c/ Ramón González, 25, 3° dcha.

b) ¿Correcto o falso?
Objetivo: Fijación y práctica oral del gerundio y de los números ordinales.

Procedimiento: Los alumnos leen sus frases completadas individualmente. A continuación, se concentran en el contenido y deciden mirando el dibujo de la casa cuáles de las informaciones son correctas y cuáles falsas.

Para controlar los resultados en el pleno, se leen primero las frases una por una y se compara que se hayan completado correctamente los huecos. Por último, si es necesario pida que corrijan las informaciones falsas siguiendo para ello el modelo.

3 ¿Dónde está?

Objetivo: Práctica oral de *estar* + gerundio y los ordinales.
Procedimiento: Un alumno dice qué está haciendo uno de los habitantes de la casa. El resto de la clase intenta adivinar de quién se trata y en qué piso está. El primero que responde correctamente formula la pregunta siguiente.

4 En parejas. Busquen 8 diferencias.

Objetivo: Práctica oral interactiva para fijar *estar* + gerundio. Identificar personas. Revisar preposiciones y circunstancias de lugar.
Procedimiento: Los alumnos trabajan en parejas. Uno con el dibujo de esta misma página, el otro con el de la página 121. Entre los dos tendrán que buscar los ocho detalles que diferencian los dibujos. Déjeles suficiente tiempo para realizar la tarea. Pida a los alumnos que mencionen también las cosas que son iguales ya que así se darán cuenta de las diferencias.
Solución:
1. Delante del banco hay un chico que está tocando la guitarra / el saxofón.
2. El señor de la camisa de flores está escuchando al chico de la guitarra / sacando una foto al chico que está tocando el saxofón.
3. El señor de traje y corbata está hablando por teléfono / escuchando música.
4. A la derecha hay un chico que está dibujando / escribiendo en la pared.
5. El señor del bigote y del pelo largo está entrando al bar / saliendo del bar.
6. Las señoras en la cafetería están tomando café / una cerveza.
7. El señor que está caminando por la calle está leyendo el periódico / fumando un cigarrillo.
8. La señora del balcón está mirando la calle / está limpiando las ventanas.

B. ¿Vienes con nosotros?

Objetivos:
■ Quedar con alguien
■ Proponer algo, aceptar y rechazar propuestas.
■ Hablar por teléfono

Recursos:
¿Cenamos juntos mañana? / ¿Tienes ganas de…? / ¿Vamos a tomar…? ■ *Vale / de acuerdo / perfecto. Sí, buena idea.* ■ *¿Dónde / A qué hora quedamos?* ■ *Lo siento, es que… / No puedo, mejor el lunes. / Pues no sé, es que…* ■ *¿Diga(me)? / ¿Está…? / ¿De parte de quién? / ¿Quiere dejar algún recado?* ■ *En este momento no está. / Se ha equivocado de número / Hay un contestador automático. / Está comunicando.*

Gramática:
■ El verbo *quedar* (diferentes significados).
■ *con* + pronombre personal: *conmigo, contigo, con él / ella…*

1 ¿Qué planes tienen las amigas?

a) Escuche a dos amigas… 🔊 2; 38
Objetivo: Comprensión auditiva global.
Para empezar: Presente la situación: una mujer llama a su amiga para proponerle un plan. La fotografía les permitirá a los alumnos especular sobre cuál es la propuesta.
Procedimiento: Ponga la audición. (CD 2, track 38). Con el libro cerrado, los alumnos escuchan la conversación telefónica y contestan la pregunta.
Después, ponga otra vez la audición y pida a los alumnos que vayan leyendo el texto mientras escuchan. Por último, pregúnteles que planes tienen las amigas.

b) Busque en el diálogo las expresiones que faltan.
Objetivo: Presentación de recursos para proponer, aceptar o rechazar una cita.
Procedimiento: Pida a los alumnos que lean el diálogo de a dos en voz alta. Después, buscan en el texto las expresiones que faltan el cuadro azul. Explíqueles que en España, cuando se rechaza una propuesta, normalmente se da una razón que se suele introducir con *"es que…"*. Anímeles a que lo comparen con sus costumbres.

2 En cadena. Usted propone una de estas actividades a su vecino/-a.

Objetivo: Práctica oral guiada de los recursos para proponer una cita, rechazarla o aceptarla. Presentación de *con* + pronombres personales.
Para empezar: Recuerde a los alumnos que ya conocen la preposición *con* y presente las formas irregulares *conmigo* y *contigo* que necesitarán para hacer el ejercicio. Acláreles que se trata de excepciones y que en el resto de los casos los pronombres personales no cambian.
Procedimiento: Con ayuda de las dos listas y siguiendo el modelo, un alumno empieza la cadena y propone a su vecino una actividad y una hora para hacerla. El compañero acepta o rechaza (con una justificación) y continúa a su vez la cadena. Invíteles a combinar los elementos de las dos listas como ellos quieran para que no lean mecánicamente línea por línea.

3 Las actividades de la semana.

a) Esta semana usted tiene…
Objetivo: Preparación de la parte interactiva (b) de la actividad.
Procedimiento: Cada alumno completa "su agenda personal", anotando las actividades de la lista. Si lo desean, pueden anotar también actividades reales suyas. Cuántas más tengan, más posibilidades tendrán para negociar en la próxima actividad.

b) En parejas. Ustedes quieren hacer…
Objetivo: Práctica oral interactiva: negociar citas. Diferentes significados del verbo *quedar(se)*.
Procedimiento: Los alumnos trabajan en parejas. Pídales que observen primero las fotos que representan las actividades que quieren hacer juntos. Después, siguiendo el modelo, el alumno A propone a B una actividad y una fecha.
B acepta o rechaza la propuesta de acuerdo a las anotaciones de su agenda. Si la respuesta es negativa, B propone una alternativa. Si se han puesto de acuerdo en el día, deberán fijar también el lugar y la hora de la cita. Para ello, cuentan con los recursos del cuadro azul. Por último, ambos apuntarán la cita en sus agendas.
Otra alternativa es escribir al lado de cada foto el día, la hora y el lugar de la cita. Al final, puede preguntar cuántas citas han podido concretar.
Llame la atención de los alumnos sobre el verbo *quedar* y las distintas posibilidades de traducción que tiene en alemán: en la nota se han sistematizado todos los usos que se han visto de este verbo hasta el momento.
Solución: Um wie viel Uhr treffen wir uns?
Dieser Mantel ist mir ein bisschen zu lang.

Heute bleibe ich zu Hause.
Es gibt nur noch sehr wenige Eintrittskarten für das Ricky-Martin Konzert.

c) Cada pareja presenta una de las…
Objetivo: Práctica oral.
Procedimiento: Por último, las parejas presentan una de las actividades que vayan a hacer en común siguiendo el modelo. Recuérdeles que los planes se pueden expresar también con el futuro próximo: *ir a* + *infinitivo*.

4 **Inés está llamando a otros amigos**
2; 39 – 42

Objetivo: Comprensión auditiva global e introducción de algunos recursos importantes para hablar por teléfono.
Procedimiento: Ponga la audición (CD 2, tracks 39–42). Los alumnos escuchan y marcan las frases correctas. Después vuelven a escuchar la audición y por último, comprueban los resultados en el pleno.
Solución: 1. Inés quiere hablar con Mario. 2. Carlos está comunicando. 3. Inés se ha equivocado de número. 4. Hay un contestador automático.

5 **Conversaciones telefónicas.**

a) En parejas. Pongan números…
Objetivo: Práctica guiada de los recursos para hablar por teléfono en un contexto formal e informal.
Procedimiento: En parejas, los alumnos reconstruyen los diálogos poniendo números para indicar el orden correcto. Los símbolos para los dos interlocutores ◆ y ◇ les ayudan. A continuación, anime a varias parejas a leer los diálogos en voz alta. De esta forma, se irán familiarizando poco a poco con los recursos presentados.
Solución:
◆ Electrodomésticos Sebastián. Buenos días.
◇ Buenos días. ¿Puedo hablar con el señor Álvarez?
◆ En este momento no está. ¿Quiere dejar algún recado?
◇ Dígale, por favor, que ha llamado la señora Romo y que el vídeo nuevo no funciona.
◆ Muy bien, le dejo una nota.
◇ Gracias.
◆ Adiós.

2.
◆ ¿Dígame?
◇ ¿Está Pepa, por favor?
◆ ¿De parte de quién?
◇ Soy Ramón.

◆ ¡Ah, Ramón!¡Hola!¿Qué tal? Sí, un momento. … Pepa, ¡teléfono!
◇ Gracias.

b) Escuche y compruebe. 2; 43 – 44
Objetivo: Comprensión auditiva.
Procedimiento: Por último, ponga la audición (CD 2, tracks 43 – 44) para comprobar los resultados.

6 **Complete el cuadro.**

Objetivo: Sistematización de los recursos para hablar por teléfono.
Procedimiento: Los alumnos buscan en los diálogos anteriores las expresiones que correspondan a los recursos en alemán:
Solución: *¿Dígame? / Nombre de una empresa*
¿Está… / ¿Puedo hablar con…?
¿De parte de quién?
En este momento no está.
¿Quiere dejar algún recado?
Información: Explique a los alumnos que ni en España ni en Latinoamérica se suele contestar con el nombre cuando suena el teléfono. Hay muchas maneras de responder al teléfono en los diferentes países de habla hispana. En España se utiliza *¿Diga?, ¿Dígame?* o *¿Sí?* En los países hispanoamericanos se utiliza *Aló. / Hola. / ¿Quién habla?,* etc.

7 **En parejas. Llamadas telefónicas.**

Objetivo: Práctica oral interactiva de los recursos para hablar por teléfono.
Procedimiento: De a dos los alumnos escenifican una llamada de teléfono de acuerdo con las instrucciones. Cada uno actúa una vez como la persona que llama y una vez como la persona que recibe la llamada.
El ejercicio no es fácil porque A no sabe lo que va a decir B y viceversa, pero en este efecto sorpresa reside la gracia del ejercicio.

C. Buen fin de semana

Objetivos:
- Comprar entradas
- Expresar posibilidad, capacidad y permiso
- Preguntar por actividades de tiempo libre
- Alquilar o reservar
- Hablar sobre cantidades aproximadas
- Lectura de guías turísticas

Recursos
Quería dos entradas para el concierto / alquilar un coche / tomar clases de golf / reservar una mesa para cuatro personas / pedir hora en la peluquería.

Gramática
- Los verbos *saber* y *poder*
- Marcadores de cantidad: *todos, la mayoría, algunos...*

1 Usted está pasando un fin de semana en Salamanca.

Objetivo: Comprensión lectora selectiva: entender información sobre ofertas de turismo.
Presentación de los verbos *saber* y *poder*.
Para empezar: Pregunte a los alumnos si alguien conoce Salamanca o ha oído hablar de ella.
Procedimiento: Anime a sus alumnos a leer por encima la ofertas para extraer de ellas sólo la información que se les pide en la consigna. Formule usted las preguntas en el pleno y algunos alumnos responden.
Además, puede preguntarles: *¿Te gustan estos monumentos? ¿Qué puedes ver...?*
Si quiere puede pedirle a algunos alumnos que lean algunos textos en voz alta y les puede explicar algunas abreviaturas: C/ Gibraltar = calle Gibraltar; Tel: = teléfono, etc.

ⓘ Información:
Salamanca está situada en el oeste de España y es capital de la provincia del mismo nombre. Pertenece a la Comunidad Autónoma de Castilla y León. Está situada a orillas del río Tormes, a 800 m de altura sobre el nivel del mar y tiene una superficie de 38,6 km².

"Lo que la naturaleza no da, Salamanca no lo presta". Este dicho resume la importancia cultural de Salamanca, ciudad universitaria por excelencia.
La Universidad da Salamanca ofrece también cursos de verano para extranjeros que deseen mejorar sus conocimientos de lengua española. La calidad de sus cursos es muy alta y gozan de gran renombre. Además la Universidad de Salamanca colabora con el Instituto Cervantes en la elaboración del examen y en la evaluación de las pruebas para la obtención de los Diplomas de Español.

2 Los verbos 'saber' y 'poder'.

a) ¿Sabe traducir estas frases?
Objetivo: Sistematización del uso de los verbos modales *saber* y *poder*.
Procedimiento: Anime a sus alumnos a traducir las frases con la ayuda de los textos de la página anterior. Pida a algunos alumnos que lean las frases en voz alta para comprobar.

b) ¿Saber o poder?
Objetivo: Tomar conciencia de los usos de *poder* y *saber*.
Procedimiento: En este segundo paso, los alumnos vuelven a leer las frases y completan el cuadro de los distintos usos de *saber* y *poder*. Se darán cuenta de que, para expresar posibilidad o permiso en español, se utiliza *poder*; cuando se trata de capacidades o conocimientos, el verbo *saber*.
Dígales que no es tan importante que elijan la persona adecuada (*podemos / puede,* etc.) sino elegir bien el verbo.

3 Una cadena. ¿Qué sabe y qué no sabe hacer?

Objetivo: Práctica oral personalizada para fijar el uso de *saber*.
Procedimiento: En cadena, los alumnos eligen una actividad que saben y otra que no saben hacer. Asegúrese antes de que conocen el vocabulario que se les da como impulso.

4 Una encuesta.

a) 🏃 ¿Quién sabe o puede...?
Objetivo: Práctica oral interactiva para fijar el uso de *saber* y *poder*.
Procedimiento: Diga a sus alumnos que entre todos van a averiguar algo sobre las "capacidades" y "posibilidades" de los miembros del grupo.
En un primer paso, los alumnos leen las frases y completan los huecos con el verbo adecuado. Controle en el pleno.
A continuación, se levantan y preguntan a sus compañeros hasta encontrar para cada frase a una persona que sepa o pueda hacer cada una de esas cosas.

b) ¿Cuántas personas saben...?

Objetivo: Introducción de los marcadores de cantidad: *todos, la mayoría, algunos...*

Procedimiento: Para recoger los resultados de la encuesta, puede escribir en la pizarra palabras clave (por ejemplo: *hacer tartas, tocar un instrumento*, etc.) e ir poniendo debajo un palito por cada persona que sepa o pueda hacerlo. Anímelos a resumir los resultados utilizando las expresiones que se ofrecen. Explíqueles que sirven para expresar una cantidad aproximada y que están ordenadas de mayor a menor.

5 El juego del tiempo libre.

Objetivo: Práctida lúdica de los recursos para alquilar, reservar o informarse sobre alguna actividadad de tiempo libre.

Procedimiento: Antes de empezar el juego, explique a los alumnos que deberán formular las preguntas correspondientes para obtener la información de las casillas que les hayan tocado en suerte. Por turnos, lanzan una moneda. Cara significa que pueden adelantar dos casillas y cruz sólo una. Los otros jugadores deciden si la pregunta es correcta o no.

 **Al final**

a) Un fin de semana en Salamanca.

Objetivo: Repaso de los recursos de la unidad.

Procedimiento: Divida la clase en grupos de tres. Dígales que van a planear un fin de semana en Salamanca y que pueden tomar como punto de partida la página 101 (también pueden utilizar material de la página de Internet). Cada grupo decide qué van a hacer los tres días por la mañana, tarde y noche. Anímeles a negociar este plan utilizando los recursos que han aprendido para quedar, fijar hora y lugar de la cita.

b) Una postal desde Salamanca.

Objetivo: Escribir una postal.

Procedimiento: Los alumnos se imaginan que ya han estado este año en Salamanca y escriben una postal a sus compañeros contándoles cómo lo han pasado.

Se puede exponer las postales para que todos las puedan leer y así dar oportunidad para comentarlas; o bien cada grupo la lee en voz alta.

El destinatario puede ser todo el grupo o un grupo concreto. En este caso, puede llevar sobres a clase para introducir las postales y repartirlas. Cada grupo lee entonces la postal recibida.

De viaje

Página introductoria

a) ¿Qué asocia usted con el tema 'viaje'?
Objetivo: Activar vocabulario relativo al tema viaje o vacaciones.
Procedimiento: Escriba la palabra *viaje* en la pizarra y pida a los alumnos que mencionen lo que asocian con esta palabra ("lluvia de ideas").
A continuación, dígales que observen el "ABC" de viajes de la página e invíteles a preguntar por el vocabulario desconocido.

b) ¿Alguien del curso ha viajado...?
Objetivo: Hablar sobre las propias vacaciones.
Procedimiento: Lleve a clase un mapa de España y uno de Latinoamérica. Señale en el mismo su ciudad o pueblo natal. Cuénteles algo bonito sobre su ciudad, pueblo o país. Si usted no es nativo, puede contar algo sobre su ciudad, pueblo o país preferido del mundo hispano. Por último, dé la oportunidad a los alumnos que han visitado algún país de habla hispana para contar algo sobre su viaje.

A. Lo principal es descansar

Objetivos:
- Hablar sobre planes de viajes
- Reservar un viaje
- Reservar un hotel
- Pedir informaciones en una agencia de viajes

Recursos:
Queríamos hacer reserva para... / ¿Hay vuelos directos? / ¿Qué nos recomienda? / ¿Nos puede reservar una habitación doble / individual con ducha (con baño)? / ¿Qué nos recomienda?

Gramática:
- Los meses y las estaciones del año.
- La substantivación de adjetivos con *lo* + adjetivo: *lo principal es...*
- *lo que*: *lo que me interesa...*

1 Los meses del año.

a) Complete con los meses...
Objetivo: Introducción de los meses y estaciones del año.
Procedimiento: Pida a los alumnos que observen las fotos de las estaciones del año y que rellenen los cuadros con los meses.
Para aprender este vocabulario con mayor facilidad, puede proponer algunas actividades orales:
1. Dígales que los mejores meses para comer mariscos son los que contienen la letra *erre*. Pida a un alumno que los mencione (es decir, de septiembre a abril).
2. Dígales que mencionen los meses que tienen 31 días.

3. También puede escribir la siguiente rima en la pizarra y pedirles que digan en voz alta los meses que faltan.
Treinta días trae n… con a…, j… y s…, los demás treinta y uno, menos f… mocho que sólo tiene veintiocho.
Solución: noviembre, abril, junio, septiembre, febrero.

b) ¿En qué mes es su cumpleaños?
Objetivo: Práctica personalizada de los meses y estaciones del año.

Procedimiento: Haga ver a sus alumnos que para situar un acontecimiento en un mes o una estación (por ejemplo, el cumpleaños), utilizamos la preposición *en*. Pregunte a algunos alumnos en qué mes es su cumpleaños o cuándo prefieren ir de vacaciones.

2 Las vacaciones.

a) Escuche y relacione los textos con las fotos. 🔊 2; 45 – 48
Objetivo: Comprensión global auditiva.
Procedimiento: Diga a sus alumnos que van a escuchar a diferentes personas hablar sobre las vacaciones.
A continuación, ponga la audición (CD 2, tracks 45 – 48) y pídales que relacionen los textos que escuchan con las fotos escribiendo el número en la casilla correspondiente. Después, permita que comparen sus respuestas con el compañero y haga una puesta en común para corregir.
Solución: 4, 3, 1, 2

b) Escuche otra vez y marque qué es importante…
Objetivo: Introducción de vocabulario para hablar de actividades durante las vacaciones.
Procedimiento: Pídales que lean las expresiones dadas y aclare las dudas de vocabulario. Ponga la audición nuevamente para que marquen qué es importante para las personas. Antes de la puesta en común, pídales que comparen sus resultados con los de su compañero.
Solución: ir a un cámping, ir a un albergue juvenil, ir a la playa / descansar, hacer deporte, vivir aventuras, disfrutar de la naturaleza, hacer un viaje organizado, tener tiempo para la familia, comer bien.

3 Y usted, ¿cómo pasa sus vacaciones?

Objetivo: Práctica oral personalizada. Introducción de *lo* + adjetivo y *lo que*.
Procedimiento: Haga que los alumnos miren el cuadro del libro y se fijen en la construcción *lo principal es… / lo más importante es… / lo que me interesa es…*
Después anime a algunos alumnos a hablar de sus vacaciones. Las preguntas dadas pueden ser una ayuda para describir sus costumbres y les permitirán decir varias frases seguidas. Para la última pregunta necesitan *lo* + *adjetivo* o *lo que*.

4 Perú.

a) En una agencia de viajes. 🔊 2; 49
Objetivo: Comprensión auditiva. Introducción de los recursos para pedir información en una agencia. Reservar un viaje.
Procedimiento: Pregunte a sus alumnos si saben algo sobre Perú o si alguien conoce este país. Explíqueles que van a escuchar y leer un texto y que algunas palabras en el texto impreso no corresponden a la grabación. Pídales que subrayen en el libro las palabras diferentes. Esta tarea es un "truco" para obligarles a leer y escuchar con mucha atención (CD 2, track 49).
Solución: por cuenta propia / *individual*; clase turista/clase *económica;* lugar / *plaza*; hotel / *alojamiento*; balcón / *televisión*; queríamos informarnos / queríamos *saber*; folletos / *información*; excursiones / *viajes*.

ⓘ Información:
Perú tiene una extensión de 1.285.216 km². Geográficamente, el país se divide en tres grandes regiones: la costa, la sierra y la selva. Tiene una población de más de 23 millones de habitantes. La mayor parte se concentra en las ciudades (Lima, Trujillo y Arequipa son las más pobladas). Un 40 % de los peruanos son indios, un 40 % mestizos y el 20 % restante son blancos de origen europeo, orientales y negros.
Los idiomas oficiales son el español, el quechua (idioma de los incas) y el aimara que se habla en el sur del Perú. En la selva peruana existen grupos étnicos, que viven muy aislados y esto, en parte, hace que sus lenguas (más de 40) sigan hasta hoy vigentes.
El Perú es una república democrática. La moneda oficial es el Nuevo Sol y la capital es Lima. Es un centro turístico de mucho interés por la cultura de los incas y las ruinas de Machu Picchu, una antigua ciudad fortificada que está a unos 90 km de Cuzco y que fue descubierta en 1911 por Hiram Birgham.

b) Busque en el texto las frases correspondientes.
Objetivo: Sistematización de algunos recursos útiles para reservar un viaje.
Procedimiento: Deje suficiente tiempo para que algunos alumnos vuelvan a leer el texto en voz alta. Aclare las dudas de vocabulario y pídales luego que

busquen las frases correspondientes a las dadas en alemán. Después, realice una breve puesta en común. Dígales que *queríamos* es una forma amable para pedir algo (ya conocen *quería* de la unidad 5). Se introduce aquí sólo como fórmula.

5 Escriba las posibles preguntas.

Objetivo: Fijación de los recursos aprendidos anteriormente.
Procedimiento: Diga a los alumnos que individualmente escriban preguntas adecuadas a las respuestas dadas. Recuérdeles que hay varias posibilidades. Después, pídales que comparen con su compañero. Por último, a modo de corrección, pida a algunos alumnos que lean de dos en dos las preguntas y respuestas en voz alta.
Solución posible: 1.¿Está incluido el desayuno?; 2. ¿Nos puede reservar una habitación doble?; 3. ¿A qué hora cierran?; 4. Queríamos dos plazas en el vuelo de las 12.; 5. ¿Hay un camping cerca?; 6. ¿A qué hora sale el avión?

6 En la agencia de viajes.

a) En parejas. Preparando un viaje.
Objetivo: Preparación de las actividades b y c.
Procedimiento: Diga a sus alumnos que van a planificar un viaje. Pídales que trabajen en parejas. Un alumno deberá decidirse por Perú y otro por Cuba. Deles unos minutos para preparar la actividad por escrito anotando el tipo de alojamiento que desea y algunas cosas que quiera preguntar en la agencia de viajes.

b) Lea las informaciones sobre Perú.
Objetivo: Comprensión lectora. Entender información escrita en un folleto turístico.
Procedimiento: A continuación, deles suficiente tiempo para leer las informaciones en la pág. 108 ó 122. Usted puede ayudarles si tienen dudas de vocabulario.

c) Improvisen dos diálogos.
Objetivo: Práctica interactiva para repasar los recursos aprendidos.
Procedimiento: Pida a los alumnos que, en parejas, vayan asumiendo por turnos los roles de turista y empleado de una agencia de viajes del país distinto al que hayan elegido. Es decir, si quieren ir a Cuba deberán leer la información de Perú, pues en el próximo ejercicio tendrán que actuar como "expertos" de este país y darán información sobre él. De esta forma, se dará una situación de diálogo auténtica. Por último, puede animar a algunas parejas a representar los diálogos en el pleno.

7 Una carta.

a) Juana Díaz quiere viajar a Chile…
Objetivo: Comprensión lectora selectiva. Entender la confirmación de reserva de un hotel. Presentar recursos importantes de una carta formal.
Procedimiento: Pida a algunos alumnos que lean en voz alta la carta de confirmación de reserva del hotel Chucumata y que busquen y escriban las expresiones españolas que correspondan a las alemanas. Después, compruebe brevemente los resultados en el pleno.

ⓘ Información:
Pablo Neruda (1904–1973): Seudónimo del poeta chileno Ricardo Neftalí Reyes Basualdo. Además de su actividad literaria, sirvió en el cuerpo diplomático de su país. Cónsul en España durante la República, se vinculó con los poetas de la "Generación del 27". Miembro del Partido Comunista, fue senador y candidato a la presidencia de Chile. En 1970 fue nombrado embajador en Francia y en 1971 recibió el Premio Nobel de Literatura. Murió en 1973. De su obra lírica se puede destacar *El canto general* (1950). Su autobiografía *Confieso que he vivido* (1974) adquirió fama universal.
Isla Negra: Está a unos 130 kms de Santiago, en una zona de balnearios. Es un sitio tranquilo de vida familiar con una hermosa vista al océano y típica vegetación. Aquí Pablo Neruda construyó una casa, que se puede visitar, donde vivió parte de su vida y guardó sus colecciones de conchas y objetos náuticos. En la casa vecina, los turistas terminan la visita en el "Café del Poeta."

b) ¿Qué tipo de habitación quiere la señora Díaz?
Objetivo: Comprensión lectora selectiva.
Procedimiento: Remita a los alumnos otra vez a la carta y pídales qué, después de leerla, tres alumnos contesten las preguntas en voz alta.

c) ¿Puede reconstruir la carta de la señora Díaz?
Objetivo: Escribir una carta solicitando información.
Procedimiento: Anime a los alumnos a reconstruir por escrito la carta de la señora Díaz. Pueden deducir la información de la misma carta de confirmación del hotel. Proponga luego a dos o tres alumnos leer su carta en voz alta.

B. ¿Qué tiempo hace?

1 El tiempo.

a) El pronóstico del tiempo.
Objetivo: Introducción del vocabulario relativo al
tiempo.
Para empezar: Dibuje la rosa de los vientos en la
pizarra y pida a algunos alumnos que, con ayuda
del mapa de la contraportada, digan dónde están
situadas, por ejemplo, Málaga, Barcelona, Madrid,
Bilbao, etc.
Coménteles que el vocabulario utilizado en las
previsiones metereológicas es bastante diferente al
usado en la lengua hablada. Pídales que recuerden
cómo se anuncia el tiempo en la radio o televisión
de su país.
Procedimiento: A continuación, pídales que lean
con mucha atención el texto del pronóstico del
tiempo y que subrayen las palabras relativas al mismo. Explíqueles que pueden deducir el vocabulario
nuevo con ayuda de los pictogramas del mapa y si
quedan dudas, aclárelas en el pleno.

b) Complete el cuadro.
Objetivo: Introducción de las expresiones necesa-
rias para hablar sobre el tiempo.
Procedimiento: Con ayuda del texto anterior y del
mapa, pida a los alumnos que completen el cuadro.
De esta forma, deducirán los recursos para hablar
del tiempo. Anímeles a comparar los resultados en
el pleno leyendo las frases en voz alta.

2 Escuche ahora a estas personas.
🎧 2; 50 – 53

Objetivo: Comprensión auditiva selectiva.
Procedimiento: Diga a los alumnos que miren el
mapa del ejercicio anterior y pregúnteles dónde están La Coruña, Sevilla, Valencia y Madrid. Ponga el
CD (CD 2, tracks 50 – 53) y anímeles a que pongan
el número del diálogo que corresponda a cada ciudad.
Pida a un alumno que lea en voz alta sus resultados.
Solución: 1. Sevilla, 2. La Coruña, 3.Madrid, 4. Valencia.

3 En parejas.

Objetivo: Practica interactiva de los recursos para
hablar sobre el tiempo.
Procedimiento: Los alumnos trabajan en parejas.
Cada alumno carece de parte de la información
que posee su compañero. Alumno A pregunta a B y
viceversa, de esta forma ambos completan los datos
que faltan. Este tipo de tarea interactiva basada en
un "vacío de información" pone al alumno en una situación próxima a la de un hablante en un contexto
real. Por último, se comprueban los resultados en el
pleno.

4 Chile.

a) Usted está en Chile.
Objetivo: Comprensión lectora global. Actividad de
preparación para la tarea siguiente.
Procedimiento: Remita a los alumnos al texto,
anime a algunos alumnos a leerlo en voz alta y pída-
les que, por último, elijan una de las tres ciudades,
Antofagasta, Santiago o Puerto Montt y marquen
en el recuadro correspondiente las actividades que
quieren hacer allí.
Y además: Para repasar el tema usted puede prepa-
rar un cuestionario oral. Por ejemplo:
¿El desierto de Atacama está en Colombia, Perú o
Chile?
¿Antofagasta está en el norte, sur, este u oeste de
Chile?
¿La capital de Chile es Santiago, Valparaiso o Antofagasta?
¿En Chile se puede esquiar entre enero y mayo o en-
tre junio y noviembre?
¿En Valdivia y Puerto Montt viven muchos italianos,
alemanes, rusos o ingleses?
Contesta el alumno que quiera y si la respuesta es
correcta, otorgue un pequeño premio (caramelo,
etc.) para animar a todos a participar.

b) Escuche el pronóstico del tiempo. 🎧 2; 54
Objetivo: Comprensión auditiva selectiva.
Procedimiento: Diga a los alumnos que van a escuchar el pronóstico del tiempo de Chile, pero que
les interesa sólo el tiempo del lugar que han elegido
situación real cuando escuchamos el pronóstico de
nuestro país. Pídales que se fijen en sus planes y si

los pueden realizar o si tienen que cambiar algunos a causa del tiempo. Ponga la audición dos veces (CD 2, track 54). Luego, anime a algunos alumnos a comentar sus planes, p.ej.: *Estoy en Puerto Montt. Pienso hacer una visita a una fábrica de conservas. Luego, en Valdivia, quiero dar un paseo por la orilla del río, pero no puedo porque va a llover.*

🛈 **Información:**
Chile tiene tres zonas climáticas: En el norte (hasta La Serena), un clima desértico y seco. Las temperaturas son más bajas (temperatura media 18°) de lo que correspondería a su latitud tropical a causa de la Corriente de Humboldt.
Entre La Serena y Valdivia: clima subtropical, similar al clima mediterráneo.
Al sur de Valdivia: clima oceánico (frío y húmedo) con altas precipitaciones; llueve casi todo el año.

C. Volver al pasado

Objetivos:
■ Hablar de hechos pasados
■ Hablar sobre viajes
■ Escribir una carta sobre un viaje

Recursos:
¿Cuándo fuiste por última vez en avión? ■ *Pasé unos días en...* ■ *Me quedé...* ■ *Volvieron a...* ■ *Ayer / el año pasado / en 1995 / el verano pasado*

Gramática:
■ El pretérito indefinido de los verbos regulares y de *ser / ir*
■ El uso del indefinido para hablar de hechos y acontecimientos pasados

1 Una postal de Andalucía.

Objetivo: Comprensión lectora selectiva. Introducción del pretérito indefinido.
Procedimiento: Lea usted la postal en voz alta y pida a los alumnos que traten de identificar según el texto alguna de las fotos de la postal. Para que no les irriten las formas nuevas, se les puede decir que son formas del pasado.

🛈 **Información:**
Andalucía: Es la comunidad autónoma más extensa (87.730 km²) del Estado español. La capital es Sevilla. Es la zona de España con más influencia

árabe. Los árabes llegaron a España en el año 711 y abandonaron el país en 1492, cuando Granada fue reconquistada por las tropas cristianas.
La Alhambra: ver pág. 9
Patio de los leones: Construido por Mohammed V en 1378, es la joya más valiosa de la Alhambra. En el centro del patio se encuentra la magistral Fuente de los Leones.
Albaicín: Es el más famoso de los barrios granadinos. En él estuvo la primera fortaleza árabe. Conserva su belleza morisca en sus intrincadas calles y plazas. Desde el mirador de la Plaza de San Nicolás se tiene la mejor vista de la Alhambra, de la ciudad y de la cercana Sierra Nevada.
La Mezquita de Córdoba: Primer monumento del occidente islámico. Se empezó a construir en el año 780, y la terminó el rey Almanzor entre los años 987 y 990. Cuando los cristianos reconquistaron Córdoba, se decidió convertir la mezquita en una catedral y se erigió un templo cristiano en el centro de la misma.
Plaza de España: Obra cumbre del arquitecto Don Aníbal González, fue concebida como el Pabellón de España en la Exposición Iberoamericana celebrada en Sevilla en 1929.
En ella están representadas todas las provincias españolas, con artísticos azulejos de Triana.

2 El indefinido.

a) ¿Ha visto el nuevo tiempo de los verbos?
Objetivo: Sistematización del pretérito indefinido.
Procedimiento: Pida a algunos alumnos que lean la carta en voz alta. Luego, anímeles a buscar en la carta de Raúl las formas que faltan y pídales que completen la tabla. Notarán que la primera persona del plural de los verbos en -ar y en -ir es idéntica en presente y en indefinido, pero el contexto permite diferenciar el tiempo sin problemas, por ejemplo: *Generalmente pasamos los veranos en la montaña. Pasamos el verano pasado en Mallorca.*

b) Marque todas las formas del indefinido en la carta. ¿Cuál es el infinitivo?
Objetivo: Identificación de las formas del indefinido.
Procedimiento: Pida a los alumnos que vuelvan a leer la carta y subrayen todas las formas del indefinido que encuentren. Luego, anímeles a leer los verbos en voz alta diciendo además cuál es el infinitivo de cada uno. Explíqueles que el indefinido es un tiempo que no tiene un equivalente exacto en la lengua alemana y que se usa para expresar hechos pasados y terminados. Por eso, se utiliza frecuentemente con marcadores de tiempo como *ayer, anteayer, la semana pasada, el verano pasado...* Puede contrastar brevemente el indefinido y el pre-

térito perfecto y recordarles que el pretérito perfecto se usa, por ejemplo, para períodos de tiempo no cancelados, es decir, *hoy, esta semana, este año*, etc. o cuando no es decisivo el tiempo que ha pasado realmente (*ayer* – indefinido, *este mes* – pretérito perfecto).

3 Uso del indefinido.

a) En cinco minutos, escriban preguntas sobre la carta de Raúl.
Objetivo: Práctica escrita para fijar las formas del indefinido.
Procedimiento: Divida la clase en dos grupos y dé un par de minutos para que cada grupo escriba algunas preguntas sobre la carta de Raúl.

b) Un concurso en dos grupos.
Objetivo: Práctica oral para fijar el indefinido.
Procedimiento: Una persona del grupo A formula una pregunta, una del grupo B contesta, y viceversa. Dé un punto por cada respuesta correcta, o también por cada pregunta correcta, ya que se trata de usar correctamente el indefinido.
Al terminar la actividad, cada persona del equipo ganador tendrá derecho a preguntar a otra del equipo contrario por la conjugación del indefinido de un verbo cualquiera.

4 Un viaje a Granada.

a) Laura anotó su intinerario.
Objetivo: Comprensión lectora selectiva.
Procedimiento: Pida a los alumnos que individualmente lean el texto y ordenen las etapas del viaje. Esta tarea les obligará a leerlo con mucha atención.
Solución: 2, 5, 3, 1, 4.

b) Laura le escribe a su hermano.
Objetivo: Expresión escrita para fijar el indefinido.
Procedimiento: Con el intinerario que acaban de ordenar, los alumnos escriben individualmente una carta poniéndose en el lugar de Laura y contando el viaje a su hermano Gerardo. Así, deberán formular frases y practicar el indefinido.

5 En parejas. Pregunte a su compañero.

Objetivo: Práctica guiada personalizada del indefinido.
Procedimiento: Anime a sus alumnos a que, en parejas, se hagan preguntas y viceversa, siguiendo el modelo. Mientras realizan la actividad, pasee por la clase y ayúdeles si es necesario.

Al final

a) En parejas. Hablen sobre...
Objetivo: Repaso de los contenidos de la lección y el uso del indefinido.
Procedimiento: Haga que, en parejas, un alumno pregunte a otro sobre un viaje real o imaginario teniendo en cuenta las indicaciones dadas. Pídales que, en el curso de la conversación, vayan tomando notas breves de lo que dice el compañero.

b) Cada uno/-a resume su impresión...
Objetivo: Preparación de la actividad siguiente. Transformar la historia de un viaje en un dibujo.
Procedimiento: Dé suficiente tiempo para que cada uno resuma el viaje de su compañero en un dibujo con la mayor cantidad de detalles posibles.

c) Hagan una exposición con los dibujos.
Objetivo: Práctica oral: contar un viaje.
Procedimiento: Cada alumno cuenta en el pleno el viaje de su compañero ayudándose del dibujo. Al final, se pueden colgar los dibujos y se pueden hacer más preguntas sobre los viajes.

Revuelto

1 **Perú: un mundo impresionante**

Objetivos: Repaso de los contenidos de las lecciones anteriores. Informa de aspectos culturales de Perú.

Procedimiento: Divida la clase en grupos de tres o cuatro personas. Pídales que lean las reglas del juego en su lengua materna en la página 249.

Si quiere, después de acabado el juego, puede comentarles algunas cosas sobre el Perú.

1. Lima: Fue llamada *"Ciudad de los Reyes"* por el conquistador Francisco Pizarro. Hoy, es una metrópoli de más de 7 millones de habitantes, que conserva sus conventos y casonas coloniales. Fundada el 18 de enero de 1535, la capital del Perú es una ciudad moderna en constante crecimiento, pero que ha sabido mantener al mismo tiempo, la riqueza de su centro histórico, declarado por la UNESCO Patrimonio Cultural de la Humanidad.

2. Reserva Nacional de Paracas: Esta Reserva Nacional se ubica en el departamento de Ica, provincia de Pisco, distrito de Paracas. Abarca una superficie de 335.000 hectáreas, de las cuales 217.594 son ambientes marinos. La comunidad de aves es uno de sus principales atractivos turísticos. Además, se pueden ver pingüinos y lobos marinos en los bordes de los acantilados.

3. Nazca: La ciudad de Nazca, ubicada en la cuenca del Río Grande, es conocida a nivel mundial por su cerámica y por las famosas líneas y figuras de Nazca, cuyo trazado es inexplicable hasta hoy en día. Los estudiosos han sugerido diversas hipótesis sobre sus orígenes, tal como el científico alemán Von Daniken, en su libro *La Respuesta de los Dioses*, que afirma que se tratarían de señales y pistas de aterrizaje para naves extraterrestres. Pero María Reiche, que dedicó su vida al estudio de las figuras, las define como el extraño testimonio y legado de las antiguas culturas peruanas.

4. Arequipa: Situada en las faldas de la cordillera occidental de los Andes y al pie del volcán Misti, Arequipa es una bella ciudad, con casonas construidas en sillar, un material de lava volcánica petrificada de color blanco y perla, que al ser iluminado por el sol, produce un resplandor muy especial. Por ese motivo, es conocida como la "Ciudad Blanca".

Mario Vargas Llosa: Nació en Arequipa el 28 de marzo de 1936. Es considerado uno de los más grandes novelistas hispanoamericanos de la segunda mitad del siglo XX. Alcanzó la fama por primera vez al ganar el Premio Biblioteca Breve de Barcelona con su novela *La ciudad y los perros* (1963). Es, por la fecundidad, riqueza y profundidad de su obra creadora y por su continua presencia en el debate sobre asuntos relativos a libertad, violencia, censura y justicia, una de las personalidades intelectuales más activas e influyentes de la actualidad. Ha ganado los más importantes premios literarios internacionales, entre ellos el Premio Cervantes, y sus libros (*La casa verde, Conversaciones en la Catedral, La tía Julia y el escribidor, Lituma en los Andes, La fiesta del Chivo*, etc.) han sido traducido a numerosísimas lenguas.

5. El lago Titicaca: Está a 3.805 metros de altura. Forma frontera natural con Bolivia. Mide 194 km de largo por 65 km de ancho, ocupando 8.710 km^2 (5.260 en el Perú, 3.450 en Bolivia) y tiene una profundidad máxima de 281 m.

Isla del Sol: En la Isla del Sol (Bolivia) se hallan sitios arqueológicos importantes de la cultura incaica, como La Chinkana (Laberinto), el Palacio de Pilkokaina y la Roca Sagrada, entre otros.

6. Cuzco: La llamada "Capital Arqueológica de América" fue la capital del Imperio Incaico. La Plaza principal de Cuzco, conocida como Huacaypata en el tiempo de los incas, fue el sitio de muchas celebraciones y es aún un lugar de encuentro ideal. La Catedral y la Compañía, dos iglesias coloniales, encuadran la Plaza de Armas. La ciudad contiene muchos restos incaicos, incluyendo el famoso templo Inca del Sol, partes de la pared de los incas que en algún tiempo rodeaba la ciudad y numerosos portales, arcos y paredes de edificios.

Machu Picchu: La ciudad sagrada de Machu Picchu permaneció oculta por una espesa vegetación durante siglos, hasta que fue descubierta en 1911 por el norteamericano Hiram Bingham. Es considerada como uno de los monumentos arquitectónicos y arqueológicos más importantes del planeta. Hay dos caminos que conducen a la imponente ciudadela: uno es el antiguo sendero inca que comunica las ruinas con Cuzco a pie (112 km) y el otro en tren.

7. Ayacucho: Cuenta con muchos atractivos turísticos coloniales como son las iglesias que datan de los siglos XVI–XVII–XVIII, llenos de altares dorados, joyas, pinturas, etc., que recuerdan la riqueza de sus pobladores antiguos; además, se pueden apreciar majestuosas casonas coloniales y restos arqueológicos que revelan su pasado histórico.

8. Pucallpa: "La Tierra Colorada", por las tonalidades que el sol refleja en sus tierras húmedas, es la capital del departamento de Ucayali y una de las ciudades más progresistas de la amazonía peruana, dedicada a la industria maderera y a la agricultura.

9. Iquitos: Se encuentra rodeada por los ríos Nanay, Itaya y Amazonas. Es la ciudad más grande de la selva peruana y la puerta de ingreso para navegar por el Amazonas.

10. Tumbes: Está a 1.256 kilómetros de Lima. Las playas y los paisajes naturales atraen a quienes los visitan. Los platos típicos en la comida tumbesina están hechos a partir de mariscos, de preferencia conchas negras, cangrejos, langostinos y unos plátanos llamados "dominicos".

11. Cajamarca: El departamento del Cajamarca se encuentra ubicado en la zona norte del país, en la cadena occidental de los Andes y abarca zonas de sierra y selva. Su capital es la ciudad de Cajamarca, situada a 2.725 metros sobre el nivel del mar, en un hermoso y fértil valle enmarcado por coloridos paisajes. Cajamarca es conocida también como la "Capital de Carnaval" peruano. Desde las diez de la mañana hasta la tarde el Domingo de Carnaval, el desfile (corso) recorre la ciudad con el Rey Momo acompañado de las patrullas y comparsas, bailando y cantando por las calles. Los pueblos del interior exhiben en los corsos los productos que los hacen famosos: el vino de Cascas, las hortensias de Chugur, las chirimoyas de Cunish, las guitarras de Namora, las limas y naranjas de Coyna, los curanderos de Corisogorna y los inigualables sombreros de Celendín y Asunción.

12. Chan Chan: Las ruinas de Chan Chan son una de las ciudadelas de barro más grandes y mejores conservadas del mundo. En sus muros de adobe se encuentran diversas representaciones geométricas de significado ritual que reflejan el estudio del origen del universo de sus antiguos habitantes, cuya existencia giraba en torno al mar como fuente de vida.

Sipán: El sitio arqueológico de Sipán consta de dos pirámides truncadas, edificaciones preincas de hace 1770 años. En él, un equipo de arqueólogos peruanos hizo en 1987 uno de los mayores descubrimientos de arqueología de esta segunda mitad de siglo: la tumba del Señor de Sipán, mandatario mochica en el valle de Lambayeque. El señor de Sipán gobernó entre los siglos II y III de nuestra era. Profundizando las excavaciones, se encontró debajo de esta tumba, otra, que albergaba a otro jefe mochica de semejante rango, enterrado años antes y por eso llamado "Viejo Señor de Sipán".

Trujillo: Está en el norte del Perú, aproximadamente a 570 kilómetros de Lima. Fue fundada en 1535 por Diego de Almagro; hoy es uno de los lugares con más riqueza tradicional de la costa peruana.

13. Cordillera Blanca: Situada en el departamento de Ancash, la Cordillera Blanca recibe cada año a miles de montañistas en busca de conquistar sus hermosas cumbres o recorrer sus espectaculares paisajes. Prácticamente la totalidad de la cordillera se encuentra protegida por el Parque Nacional del Huascarán, un paraíso de cumbres nevadas, 663 glaciares, 269 lagos y 41 ríos, además de 33 sitios arqueológicos.

Huaraz: Fue destruida por el terremoto de 1970. Hoy en día es una ciudad totalmente nueva y cuenta con modernos edificios, amplias avenidas, hoteles, hostales, casas de hospedaje y restaurantes de categoría, agencias de viajes y turismo, clubes de andinismo, discotecas , etc.

Hablar y conversar

2 **La comunicación**

a) Destrezas comunicativas.
Objetivos: Reflexión sobre las técnicas de conversación: cómo desenvolverse con escasos conocimientos de la lengua.
Procedimiento: Haga tomar conciencia a los alumnos que para mantener una conversación, se usan – igual que en su lengua materna – ciertos mecanismos para reformular o explicar algo. Recuérdeles que también los signos como los gestos, el lenguaje corporal, la expresión de la cara, etc., pueden ayudar a interpretar un mensaje.

Escriba las palabras del cuadro en la pizarra o prepare una transparencia. Anímeles a que en grupos de tres o cuatro decidan qué palabras sirven para:

– iniciar una conversación *(perdón, oiga, sabes, mira)*
– para llenar pausas *(bueno, pues)*
– para expresar dificultad de comprensión *(no he entendido, puede(s) repetirlo)*
– para demostrar interés en la conversación *(de verdad, qué bien, no me digas, qué pena, increíble)*

Por último, propóngales a algunos grupos leer los resultados en voz alta para comprobar si han llegado todos a la misma conclusión. Comente con los alumnos cómo reaccionarían en su propia lengua.

b) Reformular un mensaje.
Objetivos: Reformular una idea de forma sencilla.
Procedimiento: Recuérdeles que para que la comunicación sea fluida y natural hay que tratar de expresarse de forma sencilla. Una forma de lograr esta sencillez es tratar de descomponer una frase larga y de sintaxis complicada (como la podemos formular en nuestra misma lengua) en otras más pequeñas que tengan el mismo contenido.
Pídales que, individualmente, lean la frase del libro y traten de expresarla de forma menos complicada en su idioma. Después dígales que la expresen en español. Al final, se comparan los resultados en el grupo.
Solución posible: *Normalmente paso mis vacaciones en Mallorca. Pero ahora pienso ir también a Lationamérica porque ya hablo / he aprendido español.*

3 ¿Cómo se dice...?

Objetivos: Estrategia de compensación.
Procedimiento: Recuérde a los alumnos que cuando no se sabe o no se recuerda una palabra tratamos de usar sinónimos o palabras parecidas o tratamos de parafrasear *(Es un color. Se usa para…, etc).*
Propóngales completar el crucigrama en parejas.
Un alumno mira el crucigrama de la página 116 y el otro el de la página 122. Cada alumno pregunta al otro sobre las casillas que le faltan y se dan la información.

Leer en español

4 Pedro Almodóvar

a) Una biografía interesante.
Objetivos: Preparar la lectura del texto.
Procedimiento: Pida a los alumnos que miren las fotos y lean el título y pregúnteles de qué va el texto.

Si quiere puede preguntarles si saben algo sobre Almodóvar o si han visto alguna de sus películas.

b) Lea el texto y busque un título para cada párrafo.
Objetivos: Comprensión lectora global.
Procedimiento: Lea usted el texto en voz alta y luego pida a los alumnos que lean cada párrafo sin preocuparse demasiado por las palabras desconocidas y que les busquen un título adecuado. A continuación, haga una puesta común en el pleno y por último, anímeles a que cada uno lea algunas frases del texto en voz alta.

c) ¿Qué hizo Almodóvar...?
Objetivos: Comprensión lectora selectiva y actividad oral.
Procedimiento: Propóngales que busque en el texto lo que hizo Almodóvar entre 1977 y 1983 y qué pasó en 1999. Contestan oralmente (práctica sencilla y guiada del pretérito indefinido.

d) Escriba, con la ayuda del texto, un pequeño currículum de Almodóvar.
Objetivos: Producción escrita. Fijar el uso del indefinido.
Procedimiento: Recuerde a los alumnos que el indefinido se usa con marcadores que indican un tiempo "cerrado" *(en 1999)*. Con la información del texto, invíteles a que escriban individualmente un pequeño currículum contando las etapas más destacadas de la vida de Almodóvar. Recuérdeles que no se trata de copiar el texto, sino de apuntar y redactar con las propias palabras.

Actuar y comunicar

5 Autoevaluación

Objetivos: Tomar conciencia de los conocimientos adquiridos hasta el presente.
Procedimiento: Como se trata de una actividad individual, puede pedir a los alumnos que la preparen en casa. Coménteles que el propósito de la autoevaluación es permitirles comprobar sus progresos y no evaluar su rendimiento. Anímeles a escribir un ejemplo concreto para ilustrar cada ítem y haga una puesta en común en el pleno. Así verán que, juntando los diferentes ejemplos, ya tienen muchas posibilidades para expresarse.
En este momento se puede realizar el examen final común y se alcanza el nivel A1 del marco común de Referencia Europeo.

Unidad 1

Hola, ¿qué tal?

1

Hola.
Buenos días.
Buenas tardes.
Buenas noches.
Hasta luego.
Adiós.

2

1. ◆ Me llamo Isabel. Y **tú**, ¿cómo te llamas?
   ◇ Miguel.

2. ◆ Yo soy Julián Alonso. Y usted, ¿cómo **se llama**?
   ◇ Pilar Rodríguez.

3. ◆ **Yo me llamo / Yo soy** María, ¿y tú?
   ◇ Manuel.

4. ◆ ¿**Cómo** se llama usted?
   ◇ Patricia Gallardo.

5. ◆ ¿Cómo **te llamas**?
   ◇ Josefa. ¿Y tú?

A. Palabras internacionales

3 a)

Propuesta:
cava, tomate, paella
tenis, golf, fútbol
hotel, hospital, biblioteca
música, teatro, exposición, discoteca, museo

b)
Ejercicio oral

5

Córdoba	Gerona	Barcelona
Colombia	José	Bogotá
kilo	Gibraltar	Valencia
Quito	Juanita	Venezuela
Cuba	Jerez	
Carlos		

Granada	Zaragoza
Goya	Cecilia
guitarra	Zamora
Guatemala	

6

1. ¿Qué significa?
2. ¿Cómo se pronuncia?
3. ¿Cómo te llamas? / ¿Cómo se llama usted?
4. Soy Cristina. / Me llamo Cristina.
5. 7: Buenos días. 14: Buenas tardes. 22: Buenas noches.
6. ¡Adiós!, ¡Hasta luego!

B. Personas famosas

7

1. Montserrat Caballé es una cantante de ópera.
2. Isabel Allende es una autora chilena.
3. Antonio Banderas es un actor famoso.
4. Salvador Dalí es un pintor moderno.
5. Mario Vargas Llosa es un autor y político de Perú.
6. Frida Kahlo es una pintora mexicana.
7. Shakira es una cantante de rock.

Soluciones

8

el: reportaje, museo, hospital, autor, monumento
la: televisión, ciudad, exposición, música, arquitectura
los: hoteles, teatros, festivales, objetos, cuadros
las: ideas, personas, atracciones, bibliotecas, pintoras, universidades

9

hoteles, familias, hospitales, pintores, personas, cantantes, discotecas, museos, regiones, temas colores, materiales

10

1. dos   3. diez   5. seis   7. cuatro
2. ocho   4. seis   6. ocho   8. cero

11

1. cuatro; 2. cinco; 3. cero, tres, seis, ocho y diez

C. El español en el mundo

12 a)

Argentina, México, Suiza
Colombia, Austria, Panamá
Alemania, Chile, Venezuela
Ecuador, Bolivia, Nicaragua

b)

Alemania, Austria, Suiza

13 a)

Ecuador, Panamá, hospital, pintor
España, debate, turistas, mundo, autora, medicina,
Guatemala, playa, problema
México, ópera, números, música, teléfono

b)

Ejercicio libre

14

Ejercicio libre

Unidad 2

A. Hola y adiós

1

Propuesta:
El Guggenheim es un museo interesante.
Tú eres Vicente López, ¿verdad?

Usted es fotógrafo, ¿verdad?
El español es una lengua románica.
Vosotras sois españolas.
Valeria y Ana son de Madrid.
Nosotros somos cantantes.
Goya es un pintor español.
Yo soy taxista.

2

1. d); 2. c); 3. g); 4. e); 5. f); 6. a); 7. b)

3

1. eres, soy
2. son, Somos
3. eres, soy, eres
4. Es
5. es, es
6. sois, somos

4

1. Tú, yo, tú
2. yo, ella
3. ustedes, él / ella
4. Yo, nosotros

5

Propuesta:
1. ◆ Buenos días, señora Pérez. ¿Cómo está usted?
   ◇ Muy bien, gracias. ¿Y usted?
2. ◆ Hola, Margarita. ¿Cómo estás?
   ◇ Bien, gracias. ¿Y tú?

6

1. ◆ **El** señor Garrido es cantante.
   ◇ Ah, ¡qué interesante!
2. ◆ Un momento, señora Domínguez.
   ◇ Sí, claro.
3. ◆ ¿De dónde es **la** señorita Julia?
   ◇ ¿Julia López? Es de Sevilla.
4. ◆ Señora Viñas, ¡teléfono!
   ◇ Sí, sí, gracias, un momento.
5. ◆ Perdón, señora, ¿es usted **la** señora Aguilar?
   ◇ Sí, señor, soy yo.
6. ◆ **El** señor Maldonado… **la** señora García.
   ◇ Mucho gusto, señor.
   ◆ Encantado, señora.

7

1. Salvador Dalí no es un autor moderno, es un pintor famoso.
2. En Brasil no se habla español, se habla portugués.
3. El Prado no es un teatro de Madrid, es un museo.
4. Goya no es un actor moderno, es un pintor español.
5. "Arquitectura" no significa *Architektin*, significa *Architektur*.
6. Picasso no se llama Paco, se llama Pablo.

8
1. español
2. Chile
3. paella
4. turismo
5. Gerardo

9
◆ ¿Cómo se escribe "país"?
◇ Pe – a – í con acento – ese.

◆ ¿Cómo se escribe "hospital"?
◇ Hache – o – ese – pe – i – te – a – ele.

◆ ¿Cómo se escribe "información"?
◇ I – ene – efe – o – erre – eme – a – ce – i – o con acento – ene.

◆ ¿Cómo se escribe "museo"?
◇ Eme – u – ese – e – o.

◆ ¿Cómo se escribe "lengua"?
◇ Ele – e – ene – ge – u – a.

10
Propuesta:
1. Buenas tardes, señora García. ¿Cómo está usted?
2. Hola, Julia. ¿Cómo estás?
3. Encantado/-a. / Mucho gusto.
4. ¿Eres / Es usted de Madrid?
5. ¿Huelva se escribe con "hache"?
6. ¿Qué significa "encantado"?

B. ¿Y qué hace usted?

11
secretaria/-o, ingeniero/-a, programador/a, médico/-a, empleado/-a, representante

12
1. trabajas, trabajo
2. sois, soy
3. son, somos, estudiamos
4. sois, Trabajáis, trabaja
5. eres, soy
6. trabajamos

14
1. Emilia no es dentista, es profesora.
2. Manuela no es de Madrid, es de París.
3. Luis no habla italiano y alemán, habla francés.
4. El cantante no se llama Julio Martínez, se llama Julián Moreno.
5. Los taxistas no son de Barcelona, son de Roma.

6. Isabel no es enfermera, es empleada. No trabaja en un hospital, trabaja en una oficina.

15
¿Cómo te llamas? / ¿Cómo se llama usted?
¿Qué haces? / ¿Qué hace usted?
¿De dónde eres? / ¿De dónde es usted?
¿Dónde trabajas? / ¿Dónde trabaja usted?
¿Tú eres …? / ¿Es usted…?
¿Qué estudias? / ¿Qué estudia usted?
¿Qué lenguas hablas? / ¿Qué lenguas habla usted?

C. Y usted, ¿dónde vive?

16

yo	tú	usted, él, ella
hablo	eres	vende
estudio	escribes	es
vendo	vives	habla
vivo	estudias	trabaja

nosotros/-as	vosotros/-as	ustedes, ellos, ellas
vivimos	estudiáis	viven
aprendemos	vivís	trabajan
hablamos	sois	aprenden
buscamos	aprendéis	son
		hablan

17
1. Yo sí, pero ella no.
2. En Granada.
3. No, en la Universidad Popular.
4. Sí, en el Astoria.

18
Propuesta:
Olga Sánchez
programadora
Tel: 3103342
e-mail: o-san@aol.com

19
Propuesta:
Rosa: 61
José María: 47
Nuria: 27
Sofía: 12

20

1. ¿Cómo te llamas?
1. ¿Son (ustedes) Isabel y Alberto Santos?
2. ¿Cómo estás?/¿Qué tal?
2. ¿De dónde son (ustedes)?
3. ¿Dónde vives?
3. ¿Dónde trabajan (ustedes)?
4. ¿Qué haces?
4. ¿Hablan (ustedes) alemán?
5. ¿Tienes móvil?
5. ¿Tienen (ustedes) correo electrónico?

Unidad 3

A. Hay de todo

1

estación, fábrica, estadio, autopista, catedral, farmacia, aeropuerto, supermercado, parque, Correos

2

1. problemas
2. gente
3. río
4. mundo
5. contaminación
6. estadio
7. iglesia
8. horrible

3

Propuesta:
muchas casas modernas
muchos edificios fantásticos
una ciudad especial
un lugar tranquilo
pocos museos interesantes
poca gente simpática
pocas oficinas bonitas
un pueblo pequeño
un problema grande
un tráfico horrible

4

Querido Jorge,
¿Qué tal? ¡Yo, muy bien! El lugar es fantástico. Es una ciudad pequeña y tranquila. Me gustan las casas bonitas y la iglesia antigua. Es una iglesia pequeña pero impresionante. Hay pocos coches y poca industria. La playa está a 3 kilómetros; es una playa fantástica con poca gente: un lugar ideal para escapar del estrés. Me gustan los habitantes; son simpáticos y amables. Torremolinos está a 30 km y allí hay muchos bares y restaurantes y muchas discotecas. En resumen: son unas vacaciones especiales: tranquilas, pero también interesantes.
Saludos, Julia

5

1. Me gusta el teatro.
2. Me gusta la paella.
3. Me gusta aprender lenguas.
4. Me gusta ir al cine.
5. Me gusta la música española.
6. No me gustan los cuadros de Dalí.

B. ¿El Hotel Colón, por favor?

6

1. El museo está **a la derecha** de la Plaza Mayor.
2. El museo está **a la izquierda** de la Plaza Mayor.
3. El museo está **al lado de** la Plaza Mayor.
4. El museo está **en** la Plaza Mayor.
5. El museo está **cerca de** la Plaza Mayor.

7

Paula, Clara, Pedro y yo **pasamos** las vacaciones en Casares. Casares **está** en la provincia de Málaga, a unos 60 km de Marbella. No **está** en la costa pero las playas **están** muy cerca, a sólo 14 km. Yo **estoy** con Paula en casa de una amiga. Clara y Pedro **están** en una pequeña pensión cerca de la iglesia del pueblo. Hoy los otros **visitan** Ronda, una pequeña ciudad muy bonita. Ronda **tiene** la plaza de toros más antigua de España. Pero yo **estoy** en la playa y **escribo** mi diario. Me gusta la tranquilidad: no **tengo** aquí mi móvil.

8

1. Perdone, ¿dónde está el estadio de fútbol?
2. ¿Hay un centro comercial en el pueblo?
3. Por favor, ¿dónde está el hospital "El Rocío"?
4. ¿Sabe usted dónde hay un aparcamiento?
5. Oiga, ¿dónde está la Oficina de Información y Turismo?
6. ¿Sabe usted si hay una farmacia cerca de aquí?
7. Perdone, ¿dónde está la calle Bolívar?

9

1. negativo-izquierda
2. derecha-aquí
3. allí-delante
4. detrás-mucho
5. poco-cerca
6. lejos-pequeño
7. grande-antiguo
8. moderno-pobre
9. rico-feo
10. bonito-positivo

10
1. falso
2. correcto
3. falso

11
1. una farmacia
2. un banco
3. la estación
4. la catedral
5. aparcamiento

12
1. seguir, tomar, izquierda.
2. todo recto, cruzar, enfrente
3. primera calle, seguir, girar

13
1. tres millones cuatrocientos nueve (3.000.409)
2. treinta mil doscientos (30.200)
3. dos mil cien (2.100)
4. mil quinientos setenta (1.570)
5. doscientos catorce (214)
6. ciento sesenta y cinco (165)

14 b)
España; Argentina; Venezuela; Chile; Ecuador; Nicaragua; Panamá; Guinea Ecuatorial

15
Propuesta:
1. ¿Dónde está Correos?
2. ¿Hay una farmacia por aquí?
3. ¿Dónde está la estación?
4. ¿Dónde está el parque María Luisa?
5. ¿Hay un supermercado por aquí?

C. ¿Adónde va?

16
1. van, Vamos
2. vais, voy, va
3. vas, voy
4. va, voy

17
Propuesta:
1. Para ir del museo a la universidad tiene que tomar el metro.
2. Para ir de la Ópera al supermercado tiene que tomar el autobús.
3. Para ir de la estación al hospital tienes que tomar el metro.
4. Para ir de Correos al aeropuerto tienes que tomar el autobús.

5. Para ir de la biblioteca a la discoteca tiene que tomar el tren.
6. Para ir de Barcelona a Mallorca tienes que tomar el avión.
7. Para ir del parque a la universidad tienes que tomar el tren.
8. Para ir del hotel Rex a la playa tienes que tomar el autobús.

18
Propuesta:
es directo
tomar el autobús número 86
cambiar en "Puerta del Sol" a la línea 2
seguir hasta la Plaza Mayor
ir en taxi
bajar en la última parada

19
1. dirección, bajar, parada.
2. parada, tomar, cambiar, líneas, terminal.

20
Propuesta:
1. tren, coche, autobús, avión, metro
2. trabajáis, vivís, estáis, sois, aprendéis
3. banco, teatro, museo, hospital, cine
4. delante, detrás, en, entre, cerca

Unidad 4

1 a)
¿Qué significa…?
¿Cómo se pronuncia…?
¿Cómo se escribe…?

b)

En parejas.	Zu zweit.
Escuche.	Hören Sie zu.
Lea el texto.	Lesen Sie den Text.
Una cadena.	Kettenübung.
Ordene las palabras.	Ordnen Sie die Wörter.
Complete el cuadro.	Vervollständigen Sie die Tabelle.
Relacione.	Verbinden Sie.
Mire las fotos.	Sehen Sie sich die Fotos an.
Busque las formas que faltan.	Suchen Sie die fehlenden Formen.
Pregunte a su compañero/-a.	Fragen Sie sich gegenseitig.
Marque las frases correctas.	Kreuzen Sie die richtigen Sätze an.
Compare con su compañero/-a.	Vergleichen Sie mit Ihrem Nachbarn / Ihrer Nachbarin.

2

1. c); 2. a); 3. b); 4. c); 5. b); 6. a)

3

1. vivimos
2. en de
3. al
4. no se
5. con hache
6. hay

Unidad 5

A. ¿Algo más?

1

1. en una frutería
2. en una pescadería
3. en una verdulería
4. en una carnicería
5. en una charcutería
6. en una panadería

2

Propuesta:
botella: vino, agua mineral, leche, aceite
paquete: café, mantequilla
bolsa: magdalenas, croquetas
lata: cerveza, sardinas, aceite

3

Propuesta:
una lata de sardinas
una botella de vino
un paquete de café
una bolsa de magdalenas
una barra de pan
un litro de aceite
medio kilo de croquetas
250 gramos de mantequilla
medio litro de agua mineral

4

◆ Buenas tardes, (nosotros) **queremos** aceite de oliva.
◇ Muy bien, ¿de qué marca lo **quieren** ustedes?
◆ ¿Qué marcas **tiene** usted?
◇ Tenemos "Soloil" y "Aceitolé".
◆ Pues, una lata de "Aceitolé", por favor. Antonio, ¿tú **quieres** algo más?
◇ ¿Yo? Ah, sí, claro. **Quiero** una lata de sardinas, pero en salsa de tomate.

5

Propuesta:
◆ Buenos días, ¿qué desea?
◇ **¿Tiene jamón?**
◆ Sí, tenemos jamón serrano, jamón de York y de Parma.
◇ ¿**Cuánto cuesta** el serrano?
◆ 20 euros el kilo.
◇ Vale, entonces **deme** 200 gramos.
◆ Muy bien, ¿algo más?
◇ Sí, **deme** 250 gramos de queso manchego.
◆ ¿Algo más?
◇ No, gracias, **eso es todo**. ¿**Cuánto es**?
◆ A ver, son 8,30 euros.
◇ **Aquí tiene**.
◆ Muchas gracias. Adiós, buenos días.

6

Propuesta:
Las vacaciones (no) las pasamos en la playa.
Los billetes (no) los compramos en el autobús.
El pan lo venden en la panadaría.
La carta (no) la escribes tú.

7

1. ◆ Sí, **las** compramos en el mercado, y los tomates también.
2. ◆ La cerveza, ¿cómo **la** quiere? ¿En lata o en botella?
3. ◆ **¿Lo** quieres con limón o con leche?
4. ◆ Pero no **los** quiero muy verdes.

8

Ejercicio libre

9

Propuesta:
1. ¿Tiene queso manchego?

2. No me gusta el camembert. ¿Me pone 250 gramos de jamón?
3. Deme 2 kilos de patatas y medio kilo de manzanas.
4. Las quiero rojas, por favor. ¿Cuánto es?

B. ¿Qué tal el pescado?

10

Entradas
sopa de la casa
sopa de tomate
tortilla española
ensalada de tomate

Carne y pescado
calamares fritos
merluza a la plancha
pollo con gambas
filete con patatas fritas

Postres
helado de chocolate
sorbete de fresas
fruta del tiempo
flan

Bebidas
vino tinto
cava
cerveza
agua mineral
zumo de naranja

11

1. Yo quiero de postre un helado. (cliente)
2. Yo, de primero, una ensalada mixta. (cliente)
3. No quiero café, mejor un té con limón. (cliente)
4. Para mí, una sopa de tomate y después merluza. (cliente)
5. ¿Qué toman de postre? (camarero)
6. Una cerveza sin alcohol, por favor. (cliente)
7. Tenemos una merluza excelente. (camarero)
8. Para beber deseamos agua sin gas. (cliente)
9. Prefiero fruta del tiempo. (cliente)
10. ¿Me trae la cuenta, por favor? (cliente)

12

Propuesta:
Ana pide el menú del día.
Los señores Gómez piden vino de la casa.
Carmen prefiere un té con limón.
El camarero sirve el postre.
Ellos piden un helado.
Usted pide una ensalada.
Carlos y yo preferimos una taza de chocolate.

13

Propuesta:
◆ No sé, ¿qué **pedimos** de primero? ¿**Prefieres** sopa o ensalada?
◆ Yo **prefiero** un gazpacho, y tú, ¿qué **pides**?
◆ **Prefiero** una ensalada mixta, y de segundo **quiero** pescado.
◆ Yo también **quiero** pescado. ¿**Pedimos** unas sardinas o **prefieres** la merluza?
◆ No, yo también **quiero** sardinas, **pedimos** una ración grande para las dos. ¿Qué **quieres** beber?
◆ Una cerveza fría, ¿y tú?
◆ Yo **prefiero** vino blanco con el pescado… pero si tú **prefieres** cerveza…
◇ No, no es problema, **pedimos** una botella de vino… ¡Camarero, por favor!

14

un plato, una servilleta, dos cuchillos, un tenedor, cuatro cucharas, una copa

15

Entradas: ensalada mixta, sopa de verduras
Carne y pescado: pollo al ajillo, merluza a la romana
Postre: flan
Bebidas: una botella de vino tinto, agua mineral con gas

16

Propuesta:
tortilla de patatas, zumo de naranja, sopa de champiñones, pollo al ajillo, helado de chocolate, merluza a la romana, gambas a la plancha, tarta de manzana

17

1. Está muy rico / muy bueno.
2. La sopa está muy salada.
3. La carne está muy picante.
4. La paella está sosa.
5. El café está frío.
6. El postre está muy rico / bueno.

18

1. El pollo está muy rico.
2. La merluza está buenísima.
3. La sopa no le gusta mucho, está fría.
4. La ensalada no le gusta, está sosa.

C. Comidas y costumbres

19

almorzar, servir, vivir, ser, pedir, poder
probar, preferir, pedir, estar, vender, aprender

20

preferir: prefiero, prefieres, prefiere, preferimos, preferís, prefieren
pedir: pido, pides, pide, pedimos, pedís, piden
poder: puedo, puedes, puede, podemos, podéis, pueden
Estos verbos presentan irregularidades en la raíz.

21

Son las tres (en punto).
Es la una y veinticinco.
Son las cuatro menos cuarto.
Son las cinco y media.
Son las diez menos veinticinco.
Es la una (en punto).

22

1. Son las diez en punto.
2. Es la una y cuarto.
3. A las dos y media.
4. A las tres y media.

23

1. mantequilla
2. azúcar
3. leche
4. aceite
5. patatas
6. arroz
7. tomate
8. vino
9. cerveza
10. café
11. huevos
12. queso
Solución: que aproveche

24

1. ¿Cuánto cuesta la botella pequeña de aceite?
2. ¿Cuánto es (todo)?
3. ¿Tiene croasanes?
4. La cuenta, por favor.
5. ¿Me trae un cuchillo, por favor?
6. ¿Me trae un poco más de pan y otro café, por favor?
7. Camarero, la sopa está fría.
8. ¿El pollo lleva salsa?
9. ¿A qué hora se almuerza en Madrid?
10. ¿Las sardinas se comen frías o calientes?

Unidad 6

A. ¿Vamos de tiendas?

1

1. la sopa de tomate roja
2. los limones amarillos
3. los vaqueros azules
4. el vino tinto rojo
5. el café marrón
6. los cocodrilos verdes
7. el mar azul
8. la leche blanca
9. los elefantes grises

2

un pañuelo a cuadros, un plato de cerámica, una chaqueta de cuero, una camiseta a rayas, una blusa de seda, una falda de lana, una copa de cristal

3

1. muchas, muy (frutería)
2. mucho, muy (zapatería)
3. muy (carnicería)
4. muy, mucho (frutería)
5. muy (pescadería)
6. mucho, muy (librería)
7. muchos (tienda de modas / grandes almacenes)
8. mucha (restaurante)

4

Lunes a viernes: 9 – 12 / 15.30 – 18

5

1. abren
2. los sábados
3. por semana
4. abre
5. cierran
6. estanco

6

postales: quiosco
cigarrillos: estanco
crema: centro comercial, farmacia
cigarrillos: estanco
jamón: charcutería
un pollo: carnicería
croasanes: panadería
sal: supermercado
sellos: estanco, Correos
magdalenas: supermercado
pan: panadería
Respuestas:
huevos
heladería
chocolatería / perfumería

B. Me queda bien

7

Propuesta:
- ◆ Buenas tardes, ¿qué desea?
- ◇ Hola, quería unas pastillas para la gripe.
- ◆ Muy bien. Aquí tengo unas muy buenas.
- ◇ ¿Cuánto cuestan?
- ◆ Cuatro euros con cincuenta.
- ◇ Está bien.

8

Propuesta:
Quiero / Quería ver estos zapatos blancos.
Me llevo esta corbata a rayas.
¿Cuánto cuesta este bolso de cuero?
Este vestido violeta no me queda bien.

9

1. ese; 2. estas; 3. Estos, esos

10

1. zapatos; 2. chaqueta; 3. traje; 4. gafas

11

- ◆ Quería unos zapatos.
- ◇ ¿De qué color?
- ◆ Azules o negros.
- ◇ ¿Qué número calza?
- ◆ El 39.
- ◇ Aquí tengo unos muy bonitos. Mire.
- ◆ Gracias. ¿Me los puedo probar?
- ◇ Sí, claro. ¿Cómo le quedan?
- ◆ Un poco grandes. ¿No los tiene más pequeños?
- ◇ Aquí tiene un 38… ¿Qué tal?
- ◆ Estos me quedan muy bien, me los llevo. ¿Cuánto cuestan?
- ◇ 69 euros. ¿Paga en efectivo?
- ◆ No, con tarjeta.

12

Propuesta:
Esta chaqueta de cuero me queda muy estrecha.
Este abrigo gris es muy bonito.
Esa camisa de algodón es muy barata.
El vestido a rayas me queda muy corto.
Los zapatos marrones son muy cómodos.

13

Víctor lleva un abrigo amarillo. Le queda muy ancho.
Andrés lleva vaqueros/pantalones azules. Le quedan muy largos.
Silvia lleva un abrigo rojo. Le queda muy bien.
Graciela lleva un jersey rojo. Le queda muy grande.
Anita lleva una camisa verde. Le queda muy/demasiado estrecha.

14

15

1. Me, Te, te
2. le
3. le
4. les, Les
5. Nos, os
6. nos

16

1. tarjeta; 2. cava; 3. pilas; 4. té; 5. corbata; 6. medicamentos

17

- ◆ Perdone, ¿**me** puede decir dónde están las chaquetas? No **las** veo.
- ◇ ¡Claro, señor! Allí a la derecha **las** tiene usted.
- ◆ Gracias… Esta **me** parece bonita. Y a **ti**, Clara, ¿qué **te** parece?
- ❖ A **mí** también **me** gusta mucho. A ver…
- ◇ ¿Qué **le** parece, señor?
- ◆ **Me** queda un poco estrecha, ¿no?
- ❖ Y también **te** queda demasiado corta.
- ◇ Mmh. ¡Qué lástima! No **la** tengo en otra talla. ¿Y esta gris?
- ◆ No, las chaquetas grises no **me** gustan mucho.
- ❖ A **mí** también **me** parecen demasiado formales.
- ◇ Pero a muchos hombres **les** gustan. Y esta azul, ¿qué **les** parece, señores?
- ❖ Sí, esta **me** encanta… y **te** queda muy bien, Mario.
- ◆ ¿**Te** parece? Entonces, **la** compramos.
- ◇ ¡Estupendo! **La** puede pagar en la caja número 3. Adiós, y ¡gracias por su visita!

18

Propuesta:
- ◆ Buenos días, quería una chaqueta.
- ◇ Buenos días, señor/a. ¿Qué talla necesita?
- ◆ La 40 ó 42, depende.
- ◇ A ver, un momento. Aquí tenemos una muy bonita en azul.
- ◆ No me gusta el azul. Prefiero el verde.

◇ Claro, señor/a. Mire, esta también es muy bonita. ¿Qué le parece?

◆ A ver. ¿Es de lana?

◇ Sí, señora, es de pura lana.

◆ ¿Dónde están los probadores?

◇ Están allí enfrente… ¿Cómo le queda?

◆ Me queda bien. ¿Cuánto cuesta?

◇ 169 euros, señor/a.

◆ Es demasiado cara. ¿Tiene una más barata?

◇ Entonces tenemos aquí una de algodón. Cuesta 99 euros.

◆ Sí, esta me gusta. Me la llevo.

◇ Muy bien, señor/a.

C. Consumo y costumbres

19

1. más que
2. más de
3. tanto, como
4. más que
5. más, que
6. tanto, como

20

están de acuerdo: 1; 2; 4; 6
no están de acuerdo: 3; 5

21

1. A mí me encanta hacer yoga.
   A mí también.
   A mí no.
2. Quiero aprender japonés.
   Yo no.
   Yo tampoco.
3. No me gusta el pescado.
   A mí tampoco.
   A mí sí.
4. Tengo seis semanas de vacaciones.
   Yo también.
   Yo no.

22

Propuesta:
1. ¿Este jersey es de algodón?
2. Quería ver los pantalones a rayas del escaparate, por favor.
3. ¿Se puede pagar con tarjeta de crédito?
4. ¿Dónde están los probadores?
5. Sólo quería mirar.
6. Quería cambiar esta camisa porque a mi hijo le queda muy estrecha.
7. ¿Qué número calzas?
8. ¿Tiene estos pantalones también en azul?
9. ¿Cuándo abre el banco por la tarde?

Unidad 7

A. Las cosas de todos los días

 1

¡Hola! Busco amigos para chatear en español a en inglés. **Me llamo** Angélica y soy de Costa Rica. Ahora estoy en un internado, porque mis padres piensan que aquí **me concentro** más. El colegio no está mal, normalmente **me quedo** de lunes a viernes y los sábados **me voy** a casa. Pero en el internado tampoco **me aburro**. Somos casi 200 chicas de 10 a 17 años y lo pasamos muy bien. Un día normal es así: a las 7 **nos levantamos** y **nos duchamos**, desayunamos y **nos preparamos** para las clases, que son hasta las 2 de la tarde. Luego comemos y tenemos tiempo para **relajarnos** un poco. Algunas compañeras **se acuestan** a dormir la siesta, pero yo prefiero charlar con mis amigas o hacer un poco de deporte. Por la tarde trabajamos en grupo y…

2

Propuesta:
1. ¿Es verdad que te llamas como tu madre?
2. ¿A qué hora te levantas los domingos?
3. ¿Por qué te aburres en la clase de español?
4. ¿Siempre te duchas con agua fría?
5. ¿Con quién quedaste después del trabajo?
6. ¿Cómo te relajas normalmente?

3

Propuesta:
1. Me ducho antes del desayuno.
2. Hago las compras los sábados por la mañana.
3. Duermo la siesta después de comer.
4. Doy un paseo los domingos.
5. Hago deporte después del trabajo.
6. Veo la tele antes de acostarme.

4

Se levanta **a** las seis y media. Antes **del** desayuno hace deporte **en** el parque. **A** las 8 desayuna **con** su mujer. Después **de** desayunar llama a su chófer para ir **a** su oficina. De 9 a 11 lee los periódicos de actualidad. **De** 11 a 12 tiene una reunión **con** sus secretarios.

Después **de** la reunión va **al** restaurante **para** almorzar. Antes **de** dormir la siesta hace yoga para relajarse. De 4 a 6 inaugura una nueva autopista. Después se reúne **con** los ministros y el presidente. A las 8 toma una copa **en** la cafetería **del** parlamento. Antes **de** ir a su casa, su chófer le lleva **al** restaurante porque tiene una cena **de** trabajo.

El señor es político.

5 a)

8	alemanes	15	húngaros
14	austríacos	6	ingleses
10	belgas	5	irlandeses
11	checos	17	italianos
4	daneses	1	noruegos
16	españoles	9	polacos
3	finlandeses	18	portugueses
12	franceses	2	suecos
19	griegos	13	suizos
7	holandeses		

b)

Noruega, Suecia, Dinamarca, Inglaterra, Holanda, Polonia, Alemania, Bélgica, Francia, Austria, Suiza, Italia, España.

6

1. ◆ ¿Una ciudad **holandesa**?
   ◇ Amsterdam.
2. ◆ ¿Un pintor **italiano**?
   ◇ Michelangelo.
3. ¿Un monumento **inglés**?
   ◇ Tower Bridge.
4. ◆ ¿Una especialidad **austríaca**?
   ◇ Sachertorte.
5. ◆ ¿Dos cantantes **franceses**?
   ◇ Edith Piaf y Mireille Mathieu.
6. ◆ ¿Dos museos **españoles**?
   ◇ El Prado y el Guggenheim.

7

Propuesta:
Los fines de semana desayunamos muy tarde.
¿Vosotros a qué hora almorzáis y cenáis normalmente?
Nunca empezamos a trabajar temprano.
Nosotros nos acostamos siempre a las 22 horas.
Me concentro en la clase de español.

8

limpiar: las ventanas, los zapatos
poner: la mesa, la lavadora
lavar: la ropa, los platos
hacer: las camas, las compras

9

siempre, todos los días, casi todos los días, tres veces por semana, todos los miércoles, una vez por semana, una vez al mes, seis veces al año, casi nunca, nunca

10

◆ Pedro, ¿cómo es un día de trabajo normal para ti?
◇ Muy normal, te digo. **Me levanto** a las seis, desayuno rápido y **salgo** de casa muy temprano. A las siete llego a mi oficina y lo primero que **hago** es organizar mi día: **pongo** la correspondencia al día: cartas, faxes, correos electrónicos… A las diez abrimos la tienda y allí trabajamos hasta las dos de la tarde.
Dos veces a la semana **vienen** los representantes, entonces mis empleados y yo **nos reunimos** con ellos una hora o dos.
A las dos o dos y media **salgo** a comer algo rápido y desde las tres y media hasta las seis o siete hablo con las empresas importadoras y exportadoras y **hago** muchas llamadas telefónicas. No tengo tiempo para **aburrirme**.
Generalmente **voy** a casa a las nueve y preparo una cena fácil y rápida. Luego **me encuentro** con amigos para ir al cine o a un bar, pero muchas veces **me quedo** en casa para descansar. Los miércoles y viernes, después del trabajo, **hago** deporte y **vuelvo** a casa muy tarde. En general no **me acuesto** antes de las doce de la noche. ¿Ves? ¡Tan interesante no es!

B. Un día fatal

11

Propuesta:
Ya he tomado un café.
(Todavía) No he leído el periódico.
(Ya) He escrito un correo electrónico.
(Todavía) No he visto las noticias en la televisión.
(Ya) Me he duchado.
(Todavía) no he pasado la aspiradora.
Ya he hablado por teléfono.
(Todavía) No he lavado los platos.

12

levantarse tarde – ordenar sus fotos – leer una novela – escuchar música

Ernesto se ha levantado tarde. Ha ordenado sus fotos. Ha leído una novela. No ha visto la tele. Ha escuchado música. No ha escrito cartas. No ha jugado al dominó. Tampoco ha lavado los platos.

13 a)

Aquí todo va súper. Hemos trabajado mucho en casa: hemos hecho las camas y hemos lavado los platos. Para comer siempre hemos puesto la mesa. Hemos comido fruta y verdura. No hemos fumado ni tomado alcohol. Y la tele… pues, la hemos visto muy poco, de verdad.

b)

Propuesta:
Juana, Carlos y Bernardo no han trabajado mucho en casa, no han hecho las camas. Han puesto las botas en la cama. Para comer no han puesto la mesa.

Han comido hamburguesas y pollo. Han fumado mucho y han bebido cerveza y vino. Han visto mucho la tele. Han escuchado cedés y han leído comics. No han lavado los platos y ya no hay tazas y platos limpios.

C. Salir de la rutina

14
Propuesta:
Querida familia:
Saludos de Barcelona. Es una ciudad muy interesante. Hoy he ido al Barrio Gótico, he paseado por las Ramblas y también he visitado el museo Picasso. Por la tarde he hecho compras en el Paseo de Gracia y he cenado bien en un restaurante del puerto. Mañana voy a subir al Montjuich para ver el Estadio Olímpico y después voy a comer tapas en un bar.
Saludos

15
Propuesta:
1. ¿Me puede decir si el museo está abierto los domingos?
2. ¿De dónde sale el autobús para ir al puerto?
3. ¿Es posible reservar una mesa en el restaurante "Don Paco"?
4. ¿A qué hora cierra(n) la(s) taquilla(s) del Museo de Arte Contemporáneo?
5. ¿Cuánto cuesta el billete para niños para las Golondrinas?
6. ¿Me puede decir dónde se pueden reservar entradas para la Ópera?
7. ¿Es posible hacer fotos en el Museo Picasso?
8. ¿Es posible ir en metro al zoológico?

16
Ejercicio libre.

17
Destino: Granada
Salida: sábado 8 h
Viaje en: coche
Alojamiento: cámping

18
1. bingo
2. probar
3. veo
4. segundo

Unidad 8

1. b); 2. c); 3. c); 4. a); 5. c); 6. b)

1. c); 2. b); 3. c); 4. a); 5. c); 6. a); 7. a); 8. c); 9. c); 10. b)

Unidad 9

A. ¿Quién es quién en la familia?

1
1. Carmen y Pedro son los **padres** de Eva.
2. Juana es la **mujer** de Luis.
3. Roberto es el **hermano** de Juana.
4. Ana es la **hermana** de Eva.
5. Juana es la **madre** de Antonio.
6. Ana es la **sobrina** de Luis.
7. Carmen es la **tía** de Antonio.
8. Antonio es el **primo** de Eva y Ana.

2
la madre de tu padre: Es mi **abuela.**
el marido de tu tía: Es mi **tío.**
la hermana de tu padre: Es mi **tía.**
la hermana de tu sobrino: Es mi **sobrina.**
el hijo de tu tía: Es mi **primo.**
el único nieto de tu abuelo: Soy yo.

3
1. El sábado vamos a Alicante a visitar a mis abuelos.
2. Llevamos también a Mario, porque su hermana vive cerca de allí.
3. En Andalucía hemos conocido a una pareja muy simpática y hemos visitado juntos muchos monumentos interesantes.
4. Para la fiesta no voy a invitar a la familia, sólo a mis amigos.
5. ◆ ¿Conoces al novio de María Cristina?
   ◇ No, todavía no lo conozco.
6. ◆ ¿Cómo funciona este vídeo? Nunca entiendo las instrucciones de los aparatos.
   ◇ ¿Por qué no preguntas a un especialista?
7. ¿Ya has empezado a trabajar en el nuevo proyecto?
8. ¿Ya has contestado la carta del señor López? Es que tenemos que informar a nuestros clientes sobre nuestros planes.

4

Infinitivo	yo	Infinitivo	yo
conocer	**conozco**	estar	**estoy**
cerrar	cierro	**querer**	quiero
salir	**salgo**	ser	**soy**
ofrecer	ofrezco	**decir**	digo
hacer	**hago**	venir	**vengo**

B. La familia de hoy

5

Tobías Cano es un chico que trabaja en el mercado para ayudar a **su** madre. No conoce a **su** padre. Tobías: «**Mi** familia somos **mi** mamá, **mi** abuela y **mis** tres hermanos. No sabemos nada de **mi** papá. Dos de **mis** hermanos no trabajan todavía porque son muy pequeños. Ellos están con **mi** abuela. Pero **mi** hermana Carmen y yo vamos al mercado con **mi** mamá.»

A **sus** doce años, Tobías todavía no va a la escuela. Los niños como él y **sus** hermanos viven, así, una realidad muy difícil. **Su** vida es sólo trabajar. Es **vuestra** responsabilidad ayudar a estos niños. Son el futuro de **nuestro** país. Necesitamos un programa para **su** educación.

6

1. ¡Roberta y yo estamos furiosos! ¿Sabes que **nuestra** hija Marta siempre usa **nuestro** coche para salir con **sus** amigos sin preguntar?
2. Para **mi** cumpleaños **mi** abuelo me va a regalar una bicicleta y **mis** bombones preferidos.
3. Oye, Pablo, si quieres **tu** propio coche, tienes que trabajar en **tus** vacaciones para ganar dinero. **Nosotros** no podemos pagarlo.
4. **Yo** tengo una relación difícil con **mis** padres. **Ellos** no me entienden en absoluto.
5. **Vosotros** habéis vivido siempre con **vuestra** hija, pero **yo** he vivido sola toda **mi** vida.

7

1. **Helsinki:** Es una capital europea donde hace mucho frío.
2. **Nueva York:** Es una ciudad norteamericana donde están los edificios más altos del mundo.
3. **La guitarra:** Es un instrumento de música que es típico del flamenco.
4. **Porsche:** Es una empresa alemana que produce coches muy rápidos.
5. **La Torre Eiffel:** Es un monumento famoso que está en París.
6. **Plácido Domingo:** Es un cantante español que se dedica a la ópera y a la música moderna.

7. **Las tortillas:** Son productos de la cocina mexicana que se preparan con maíz.

8

1. h); 2. a); 3. f); 4. d); 5. c); 6. e); 7. g)

C. Entrar en contacto

9

ropa: nuevo, bonito, estrecho, antiguo
persona: delgado, joven, alto, tímido, alegre, guapo, moreno, simpático
ropa y persona: moderno, original, viejo, feo

10

Vicente

Lidia

Teresa   Patricia   Susana

11

Propuesta:
1. Es el hombre del jersey verde que está en la cafetería.
2. Es el hombre de la camiseta roja que está en la Información.
3. Es la señora del sombrero verde que está en la tienda de modas para señora.
4. Es el hombre de chaqueta amarilla que está en la zapatería.
5. Es la señora de falda rosa que está con sus hijos en la tienda de modas para niños.
6. Son la señora de falda gris y el señor de los pantalones rojos que están en la calle.

12

1. prima, abuela, sobrina, tía
2. tímido, serio, sociable, simpático
3. gordito, rubio, guapo, joven
4. ¿En serio?, ¡Increíble!, ¿De verdad?, ¡Qué suerte!

13

Gloria es española y hace yoga.
Björn es deportista y muy simpático.
Este pollo está un poco salado.
Casares está en la provincia de Málaga.
Carmen es una niña de ocho años.
Ana Cruz Guerra está enamorada de Roberto.

La paella valenciana es un plato típico de la costa.

Madrid está en el centro de España.

Hoy Roberto está muy nervioso.

14

Propuesta:

Me llamo Claudia Vicario Padilla. Tengo 22 años. Estoy soltera y vivo en Santander. Soy estudiante de informática. Soy alta y morena y tengo el pelo corto. Soy dinámica y (muy) comunicativa.

15

1. ¿De verdad? ¡Cuánto me alegro!
2. ¡Cuánto lo siento!
3. Estoy casada con un hombre muy sociable.
4. Mi hermana es muy guapa pero un poco gordita.
5. El de las gafas y el pelo largo es mi marido.
6. Lo siento. No conozco a la señora Romero.
7. Estoy un poco nerviosa porque mañana tengo un examen.
8. Tengo una casa donde paso las vacaciones con mi familia.

16

Propuesta:

1. sobrino, marido, prima, nieto, novia
2. casado, soltero, matrimonio, pareja, divorcio
3. rubio, moreno, calvo, alto, delgado, bajito
4. sociable, tímido, simpático, serio, dinámico, inteligente

17

Hoy ha sido un día especial. He conocido a una persona fabulosa. Antonia y yo **hemos hecho** algunas fotos con nuestros compañeros en la facultad y allí **he conocido** a un chico noruego que Antonia me **ha presentado. Tiene** los ojos azules, **es** moreno, muy alto y muy simpático. **Hemos tomado** una caña juntos en un bar. **Me ha pedido** mi número de móvil. Él **ha venido** con el programa Erasmus y **se queda** tres meses en Granada.

El próximo fin de semana todo el grupo **hace** una excursión a Tarifa para hacer surf con Björn. La verdad es que a mí no me gusta mucho el surf, pero **voy** con ellos. A ver... (Gloria)

Unidad 10

A. ¿Qué están haciendo?

1 a)

siempre – todos los días – regularmente – algunas veces – de vez en cuando – pocas veces – muy poco – casi nunca – nunca

b)

Ejercicio libre

2

jugar al tenis / un partido de fútbol

ir al cine

tocar el piano / la guitarra

ver un espectáculo / una exposición

salir con amigos

hacer deporte / un viaje

3

Está leyendo el periódico.

Está comiendo un bocadillo.

Está limpiando las ventanas.

Está poniendo la lavadora.

Está jugando.

Está planchando la ropa.

4

1. ¿Por qué no me estás escuchando?
2. Toda la familia te está esperando.
3. María se está preparando todavía para la fiesta.

5

El CD lo puedes comprar en la quinta planta, en "Electrónica".

La blusa para niñas la puedes comprar en la tercera planta, en "Moda infantil".

La novela de Agatha Christie la puedes comprar en la tercera planta, en la librería.

Las gafas las puedes comprar en la quinta planta, en la óptica.

La lavadora la puedes comprar en la cuarta planta, en "Electrodomésticos".

La corbata la puedes comprar en "Marcas y Boutiques caballero".

El perfume lo puedes comprar en la planta baja, en "Perfumería y cosmética".

El equipo de tenis lo puedes comprar en la segunda planta, en "Deportes".

Las pilas las puedes comprar en la quinta planta, en "Fotografía" o "Electrónica".

Las patatas las puedes comprar en el subsuelo, en el supermercado.

6

1. El señor de la corbata está hablando por teléfono.
2. A la izquierda hay un chico que está tocando **la guitarra**.
3. Delante del bar, dos chicos están jugando al fútbol.
4. El hombre del sombrero está **escuchando música**.
5. El hombre de las gafas de sol está hablando por teléfono.
6. El hombre que está saliendo del bar lleva bigote.

B. ¿Vienes con nosotros?

7

Propuesta:

¿Vamos al fútbol el domingo?

¿Quiere usted dar un paseo mañana?

¿Tienes ganas de hacer un picnic uno de estos días?

¿Vienes conmigo a tomar una copa el sábado por la noche?

8

Propuesta:

1. Querido Fernando: Lo siento, hoy no puedo, es que tengo una cita. ¿Por qué no vamos el sábado?
2. Querida Maribel: Sí, claro.
3. Querida Pepa: Vale, de acuerdo. ¿A qué hora quedamos?
4. Querido Jorge: Lo siento. No puedo, es que tengo entradas para ir al teatro.

9

1. a , al, con
2. a, conmigo, A, en, De
3. en, por
4. en, a, por, contigo

10

1. Este fin de semana me quedo en casa.
2. Este jersey me queda muy estrecho. Ya tiene muchos años.
3. No queda mantequilla. Tengo que ir al supermercado.
4. He quedado el viernes con Mario.
5. ¿Tienes ganas de ir a la playa?
5. Ramón se queda hoy en casa porque tiene que reparar la lavadora.
6. Todavía quedan entradas para el partido de fútbol del domingo.

11

1. ¿Está Laura (en casa)?
2. ¿De parte de quién?
3. Sí, un momento, por favor.
4. Se ha equivocado de número.

12

Nombre: Julia Puerto

Día: 13.10.

Hora : 21.30

Número de personas: 5 ó 6

C. Buen fin de semana

13

1. El campo de golf no está muy lejos del centro.
2. En La Alberca se pueden dar paseos a caballo.

3. El Plaza Mayor es el centro de la vida **salmantina**.
4. La Casa de las Conchas es actualmente una biblioteca pública.
6. En los Multicines se puede ver una película **por la tarde y por la noche**.
7. La Casa Lis es un museo de **Art Nouveau y Decó**.
8. La Universidad de Salamanca es **casi tan antigua como** la de París.

14

Propuesta:

No puede jugar al fútbol pero puede ver la tele.

Puede pintar pero no puede bailar.

No puede jugar al golf pero puede jugar a las cartas.

Puede escuchar música pero no puede conducir una moto.

15

1. sé
2. puedo
3. Sabes
4. Sabes, sabe
5. puede
6. saben, sé
7. puede
8. saben, puede

16 a)

1. la exposición de Velázquez
2. las entradas
3. los padres
4. el filete

b)

1. Yo también quiero verla.
2. Las tengo que recoger a las seis.
3. Les voy a comprar un libro para Salamanca.
4. Están preparándolo ahora mismo.

17

Propuesta:

Mallorca es una isla muy bonita en el mar Mediterráneo. Todos los años millones de turistas pasa allí sus vacaciones. **La mayoría** son alemanes, ingleses y franceses y **todos** llegan en avión o en barco. Van a hoteles que están en la costa. Pero también hay **algunos** que hacen excursiones para conocer los pueblos de la isla. Otros visitan la capital Palma de Mallorca. **Muchos** de los habitantes de Mallorca viven del turismo. **Casi todos** trabajan en los hoteles, restaurantes y otras partes del sector de turismo. La lengua materna de los mallorquines es el catalán, pero **todos** hablan también el castellano. En Mallorca **nadie** tiene problemas para comunicarse.

Soluciones

19

Propuesta:

1. Quería alquilar una bicicleta para tres días, por favor.
2. Quería reservar una mesa para 6 personas para el jueves a las 14.00 horas.
3. Quería comprar dos entradas para la ópera "Carmen" el viernes a las 20 horas.
4. ¿Se pueden hacer fotos en la catedral?
5. ¿Quedan entradas para el espectáculo de flamenco el sábado?
6. Lo siento. No puedo ir al cine. Es que tengo que ir al médico.

Unidad 11

A. Lo principal es descansar

1

1. abril, junio, septiembre, noviembre
2. febrero
3. mayo, junio, julio, agosto
4. Propuesta: Sí, julio porque es mi cumpleaños.

2

Propuesta:

1. En mi trabajo, lo principal es escribir cartas.
2. Lo importante en las vacaciones es descansar.
3. Lo que más me gusta en la clase de español es hablar.
4. Lo más difícil del español me parece la gramática.

3

Propuesta:

Quiero ir a Mallorca en verano para descansar y tomar el sol. Prefiero el cámping y me gusta ir a la playa.
Quiero ir a la Sierra Nevada en invierno para esquiar, etc.

4

1. Quería un billete para Sevilla.
2. Sí. ¿A qué hora sale el tren mañana por la mañana?
3. De acuerdo, quiero tomar el de las 7.30.
4. Tengo que estar en Madrid a las 21.00 horas.
5. Vale, de acuerdo. ¿Cuánto es?
6. Gracias, adiós.

5

vacaciones culturales: guía turística, lugares históricos, arqueología, visitar museos, arquitectura, exposiciones

vacaciones activas: esquiar, hacer deporte, aventura en la selva, bailar, bicicleta, nadar, cámping, salir de la rutina

vacaciones para descansar: tomar el sol, playa, dormir la siesta, levantarse tarde, leer libros, escapar del estrés

6 a)

1. El Sr. Álvarez: un hotel con garaje
2. Los Sres. Uribe: un hotel en el centro sin aire acondicionado
3. Nicolás y Rafael: algo más barato
4. Don Carlos Carrascal: un hotel en el centro, pero tranquilo y con estilo
5. María Jesús: un hotel con piscina y solarium

b)

Al señor Álvarez le recomiendo el hotel Abba.
A los señores Uribe les recomiendo el Hotel Residencia Cervantes.
A Nicolás y Rafael les recomiendo la Pensión La Catedral.
A don Carlos Carrascal y a María Jesús les recomiendo el Hotel Meliá.

c)

Ejercicio libre.

7

Estimados señores:
Este verano pienso viajar a Alicante. Quería reservar una habitación en su hotel del 15 al 29 de julio. Lo importante para mí es tener aire acondicionado y televisión. ¿Pueden decirme cuánto cuestan dos semanas con media pensión? Muchas gracias.
Atentamente,

8

1., 3., 4., 5.

B. ¿Qué tiempo hace?

9

En Andalucía hace sol.
En Galicia llueve.
En Mallorca hace sol.
En El País Vasco está nublado.
En Murcia está nublado.
En los Pirineos hay tormentas y nieva.

10

Propuesta:
Hoy hace mucho viento en la costa.
En el norte está nublado.
En este momento hace sol.
Esta semana hace buen tiempo.

C. Volver al pasado

11

en 1995 – el año pasado – la semana pasada – esta semana – hace dos días – ayer – esta mañana

12

1. pintó
2. se quedaron
3. llegó
4. fue
5. escribió
6. ganó

13 a)

1. Tomaste
2. desayunaste
3. fuiste
4. trabajaste
5. Saliste
6. Fuiste
7. Escuchaste
8. cenaste

b)

Ejercicio libre.

14

Propuesta:
Fernando Aguirre nació en 1934. Estudió en Málaga. Fue a la escuela de 1940 a 1952. Trabajó como empleado de banco en el Banco de Santander. Terminó la carrera universitaria en 1958 y viajó a Estados Unidos. Allí se quedó dos años y conoció a Nancy, su mujer. Se casaron y regresaron a España.

15

1. pasasteis
2. Fuisteis
3. quedasteis
4. fuisteis
5. Visitasteis
6. gustaron

16

Perfecto: hoy, ya, esta semana, este verano, este año, alguna vez, todavía no, nunca, siempre
Indefinido: el mes pasado, ayer, en 1990, hace tres meses, en abril

17

1. has visto, volvió, pasó
2. viajé, fuiste, he salido, he ido, visité
3. han trabajado, se quedaron
4. hemos viajado, hemos visitado, hemos pasado, he tenido

18

3, 1, 2, 7, 5, 6, 8, 4

19

Propuesta:
1. ¿Hay vuelos directos a Alicante?
2. Quería reservar un vuelo a Málaga.
3. ¿Nos / Me puede recomendar un hotel?
4. Quería reservar una habitación individual con ducha.
5. ¿El hotel tiene pensión completa?
6. Aquí está nublado y hace mucho frío.
7. Lo que más me interesa son los monumentos de los incas.
8. ¿Cómo pasaste las últimas vacaciones?

Unidad 12

Abschlusstest

1

1. Estimados
2. Les
3. información
4. —
5. Tengo que
6. nuestros
7. recomendarme
8. cuánto
9. por
10. me
11. hay
12. también

2

1. + Para ir al museo de Bellas Artes hay que tomar el autobús número 46.
2. – En el Hotel Colón quedan habitaciones libres del 6 al 8 de octubre.
3. + José María trabaja en Londres y tiene que viajar mucho.

3

1. e); 2. c; 3. a); 4. b)

4

1. a); 2. a); 3. b)

Página para fotocopiar nº 1

tomate

fútbol

familia

secretaria   discoteca

teléfono

persona   chocolate   hospital

filosofía

papagayo   tenis

museo   director

música

café   fotógrafo

ópera

presidente

leopardo

cocodrilo   elefante

autobús

té   momento

Página para fotocopiar nº 2

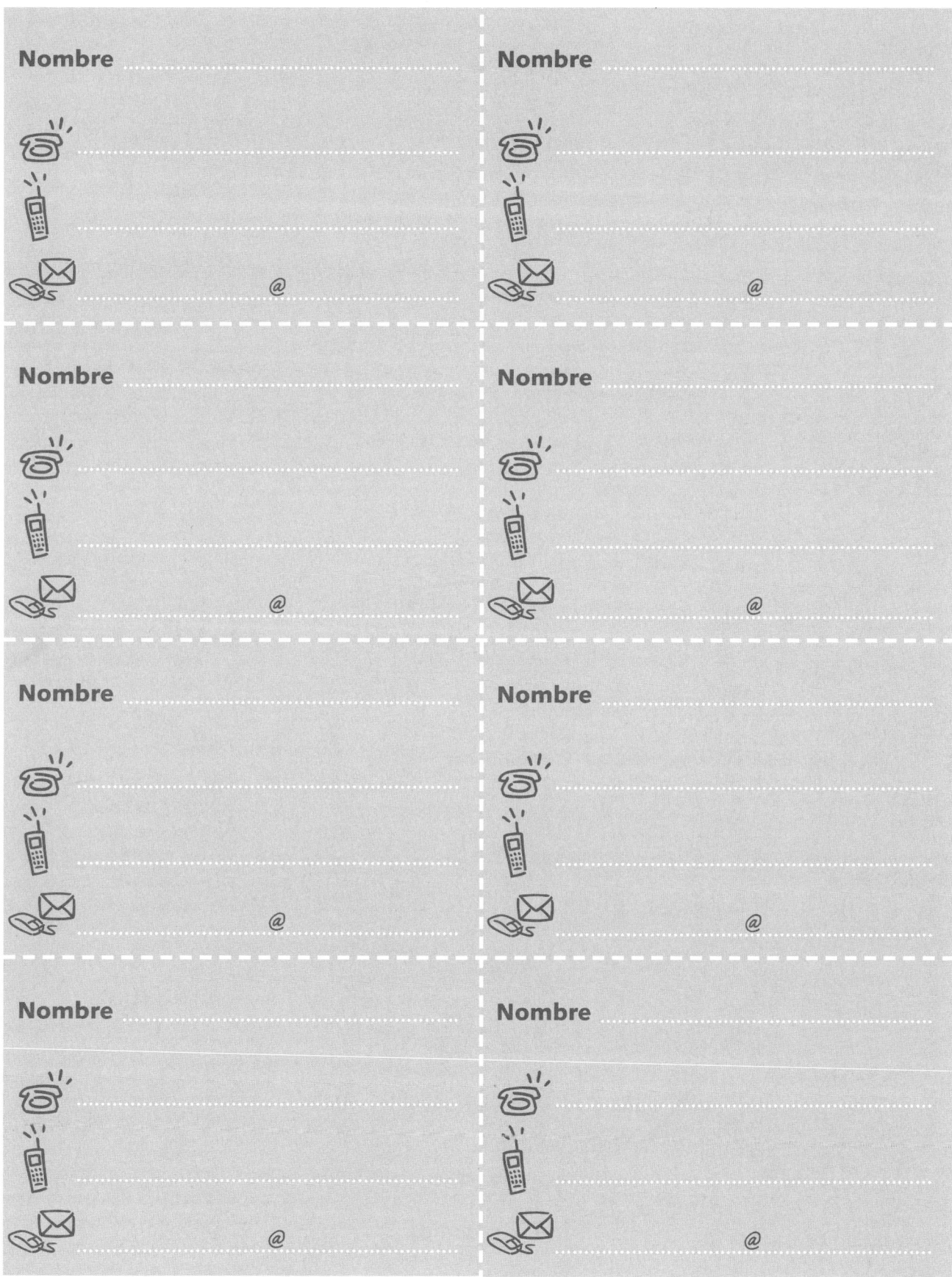

Nombre

Nombre

Nombre

Nombre

Nombre

Nombre

Nombre

Nombre

Seite aus: Caminos neu A1, Guía didáctica
Klett-Nr: 3-12-514911-8

Página para fotocopiar nº 3

Seite aus: Caminos neu A1, Guía didáctica
Klett-Nr: 3-12-514911-8